Que n'avez-vous nommé le personnage aimable
Qui me fait de vos vers l'éloge favorable ?
Ah ! que bien loin de vous mal recevoir
J'eusse été me donner au diable !
Pardonnez-moi, monsieur, daignez donc vous asseoir..
Que puis-je vous offrir ?... un seul doigt de Madère...
Mylord de vous fait cas, Mylord est connaisseur ;
Il doit écrire bien, ses œuvres font fureur...
Nancy ! Nancy ! Mais donnez donc un verre !!..
Mylord répond des frais.... Mais êtes-vous à jeun ?

9

DES
VERS A SOIE,
ET DE LEUR ÉDUCATION
DANS
LES CÉVENNES.

Imprimerie de J.-S. CORDIER Fils,
Rue Thévenot, n°. 8.

DES

VERS A SOIE,

ET DE LEUR ÉDUCATION

SELON LA PRATIQUE

DES CÉVENNES;

Suivi d'un Précis sur les divers produits de la Soie, et sur la manière de tirer les Fantaisies et les Filoselles; avec des Notions sur la fabrique des Bas de Ganges;

PAR M. REYNAUD,

PARIS,
A LA LIBRAIRIE DU COMMERCE,
Chez ~~~~~~rd, rue Sainte-Anne, n. 71.

1824.

AVANT-PROPOS.

Il existe un nombre prodigieux de livres sur tout ce qui concerne l'éducation des vers à soie. Plusieurs de ces ouvrages, à la tête desquels il faut placer les excellens mémoires de l'abbé Boissier de Sauvages, sont justement estimés. Mais une pratique de cinquante ans m'a appris que dans les meilleurs, ou quelques notions importantes sont omises, ou quelques erreurs, aujourd'hui repoussées par une longue expérience, se trouvent mêlées aux préceptes les plus sages.

Cette considération m'a déterminé à oser offrir au public les résultats de ma méthode et de mes propres observations. Les succès de l'éducation des vers à soie, telle qu'elle est pratiquée dans les Cévennes, l'excellence des produits de leurs fabriques, la réputation de leurs éducateurs ou *magnaguiers**, qu'on attire dans les départemens voisins, pour leur confier l'éducation des vers qu'on y élève, tout m'a fait croire que mon ouvrage pourrait être de quelqu'utilité

---

* De *magna*, nom du ver à soie dans le midi, on a fait *magnaguier*, *magnanier*, *magnaudier*, éducateur des vers à soie; et *magnaguerie*, *magnanerie*, *magnauderie*, art de les élever, et local même où on les élève.

et contribuer à la propagation d'une industrie importante, vraiment nationale, et que les circonstances présentes commandent impérieusement d'étendre et de cultiver avec plus de soins que par le passé.

Je me propose donc ici de prendre et suivre le ver à soie dès avant sa naissance, et au moment où la nature ne fait encore que préparer sa subsistance, et de ne l'abandonner qu'après avoir montré le fruit des travaux de ce précieux insecte, converti en diverses étoffes sous la main de l'ouvrier.

Ainsi, je traiterai successivement des mûriers, de la couvaison et éclosion des vers, de leurs progrès et changemens réguliers, de leurs maladies accidentelles, de la formation des cocons, ainsi que des soins qu'ils exigent, de la ponte pour obtenir une bonne graine, enfin, du dévidage et des œuvraisons de la soie, et des nouvelles machines qui ont porté aujourd'hui ces travaux à un haut point de perfection.

Plus habile à *faire* qu'à *dire*, je ne prétends point me placer au rang des écrivains dont s'honore l'agronomie française. Si je réussis à présenter quelques observations utiles, à redresser quelques erreurs, ce succès me suffit : dans tous les cas, le désir de contribuer en quelque chose à la prospérité de mon pays, aura été mon but et pourra être mon excuse.

DES VERS A SOIE,

ET DE LEUR ÉDUCATION

SELON LA PRATIQUE DES CÉVENNES.

~~~~~~~~~~~~~~

De la culture du mûrier.

Le mûrier vient de graine, par provignement ou par bouture. On le propage plus ordinairement par la voie du semis (1). Pour en recueillir la graine on doit attendre qu'elle soit parvenue à un point parfait de maturité. Lorsqu'il s'agit de l'employer on la nétoie, et on l'éprouve en la jetant dans un vase plein d'eau : celle qui surnage ne vaut rien, et est par conséquent écartée.

La graine du mûrier se sème sur couche, comme les melons et autres plantes potagères. On l'arrose assez largement et selon les besoins du jeune plant, mais en général plutôt le soir qu'en tout autre moment. Il reste deux ans sur couche. Au bout de la première année on le tond, à un pouce de terre, avec des ciseaux (2).

Au bout de la seconde année la tige est en état d'être transplantée, et on en forme des pépinières. Entre chaque brin on laisse environ un mètre de distance; on sarcle avec soin la terre et on la travaille souvent, afin que rien ne nuise à la végétation de la plante, et que le sol puisse recevoir les influences de l'air.

Pendant la première année de pépinière, le pied n'a pas pris encore assez de force pour nourrir une plante à haute tige et d'une seule venue; en conséquence, on taille de nouveau le jeune mûrier, en ne laissant qu'un œil au-dessus de terre. Ce pied pousse ordinairement plusieurs jets; on n'en conserve qu'un, en retranchant, comme de raison, les plus faibles. La tige conservée prend alors plus de force. On suit les progrès de sa croissance; on l'élague peu à peu, tant pour laisser moins de prise aux vents, que pour lui faire prendre une grosseur proportionnée à sa hauteur. A cette même période, on continue de travailler la terre autour de chaque pied d'arbre, et l'on arrose aussi au besoin.

Au bout de trois ans les arbres sont d'une belle venue, et l'on peut les transplanter en pleine terre. Ils y sont espacés à la distance de 6 à 8 mètres (de 18 à 24 pieds), et même moins, selon la bonté du terrain.

Il n'est pas inutile de remarquer que le fumier destiné à former les couches pour le semis, ainsi que celui dont on se servira dans la pépinière, doit être parfaitement réduit et consommé; c'est ce qu'on appelle du *terreau*; mais il n'est pas nécessaire d'attendre qu'il soit à cet état pour fumer les arbres en plein vent.

L'exposition, au reste, qui convient au mûrier, en tant que destiné à fournir à la nourriture du ver à soie, est celle des coteaux abrités du nord, ou des plaines sèches et graveleuses. Les mûriers, dans ces terrains, donnent une feuille tendre et délicate, essentielle surtout aux jeunes vers, et au moment où ils commencent à sortir de leurs maladies (3).

Le fond des vallons, les lieux resserrés, privés d'air, font étioler le mûrier, ainsi que toutes les plantes. Il alonge alors ses branches, comme pour chercher l'air et la lumière, mais elles sont grêles et faibles, et ces arbres ne peuvent se récolter sans danger pour le cueilleur qui monte dessus. Dans ces expositions, les arbres doivent être du moins très-espacés, et leurs branches souvent ravalées, pour qu'elles ne gagnent pas trop en hauteur.

L'opération du provignement est assez commune. Elle consiste à coucher en terre les rejetons qui poussent au pied d'un arbre, à les assujétir dans le trou qu'on leur a préparé, au moyen d'un crochet, à garnir ce trou de bonne terre, et arroser souvent. On coupe l'extrémité de la branche qui sort de terre, à l'exception de deux ou trois yeux. Il y en a qui couchent de jeunes mûriers, en dégageant leurs racines d'un côté, pour approcher de terre les branches à provigner; et l'on prétend que, l'opération faite, on relève l'arbre, et qu'il réussit aussi bien que les autres. Il vaut mieux cependant tenir basse la tige du mûrier dont on veut tirer des provins (4).

Les boutures sont formées de jeunes branches de deux ans, qui ont poussé sur un bois de cinq ou six ans. On coupe ce fort bois au-dessus et au-dessous de la branche, et on enterre ce pied, au printemps, dans de bonne terre bien fumée et bien arrosée. On retranche aussi la sommité de la branche, en n'y laissant que deux ou trois yeux.

Des mûriers de haute tige, et des mûriers nains ou en buisson.

Sortis de la pépinière et transplantés en pleine terre, les mûriers peuvent encore être cultivés de deux manières; en arbres de haute tige ou en buisson.

Les premiers sont ceux qu'on laisse élever assez haut pour que les bestiaux, surtout les chèvres et les boucs, ne puissent y atteindre; encore est-on obligé d'en revêtir le tronc d'épines, pour le garantir de toute atteinte de ce genre.

Le mûrier qui doit rester nain ou en buisson, par cette même raison, ne peut réussir que dans un terrein enclos.

Le plant de mûrier le meilleur à cultiver en pleine terre, est celui qui, sans avoir vieilli dans la pépinière, a acquis un diamètre que la main puisse à peu près embrasser. L'écorce en est écailleuse, mais point crevassée. On plante les mûriers de haute tige en automne et en hiver.

Il faut que les trous soient creusés d'avance, pour que la terre y reçoive les influences de l'air; une bonne profondeur à donner à ces trous est celle de 5 décimètres (environ 1 pied et demi), afin que les racines ne soient pas trop enfoncées en terre, et que le travail qu'on fera au pied de l'arbre les rende accessibles à l'action des météores atmosphériques.

En général, les racines supérieures ne doivent pas être recouvertes de plus que de 2 à 3 décimètres (8 à 9 pouces) de terre.

Avant de planter on rafraîchit les racines, on sépare ce qui est flétri ou froissé. On a soin que la terre, bien friable et point trop humide, pénètre et s'étende dans tous les interstices, que les racines se couchent horizontalement, et quand les trous sont remplis, on foule la terre aux pieds, tout autour de l'arbre.

Il n'est pas besoin que tout un champ soit défoncé pour planter les mûriers : comme les racines s'étendent peu la première année, il leur suffit, pour végéter, du trou qu'on leur a préparé, et qui a, selon la force des terres, jusqu'à 2 mètres carrés. D'année en année, ensuite, on fouille tout autour de cet espace et à la même profondeur, afin que les racines, en s'étendant, rencontrent toujours une terre également meuble, où elles puissent s'alonger horizontalement, sans être obligées de venir chercher des sucs nourriciers en remontant vers la surface du sol.

Outre ce travail, il faut donner, par an, deux ou trois façons à la terre du pied des mûriers, et y empêcher l'herbe de croître. Ces façons communiquent de la fraîcheur aux racines; cependant elles ne sont pas nécessaires dans les terreins naturellement humides. La preuve est qu'on voit des mûriers prospérer dans des cours pavées, où le terrein conserve beaucoup d'humidité.

On ne sème d'autres plantes sous les mûriers que quand ils ont pris toute leur force, que, d'ailleurs, le terrein où ils sont plantés est d'une grande fertilité, et qu'en outre il est bien entretenu.

Les mûriers nains ou en buisson sont ceux dont on forme la tête à une hauteur médiocre; ils se plantent plus dru que ceux de haute tige. Ils ont l'avantage qu'on peut les cueillir sans monter sur l'arbre, ce qui le fatigue bien moins, en ménage les branches, prévient les accidens des cueilleurs, et permet une récolte plus aisée et plus complète de la feuille. Le propriétaire et l'acheteur y trouvent donc également leur compte. Ajoutez qu'ils entrent en rapport plutôt que les grands, et donnent aussi, annuellement, de la feuille avant eux : mais, comme on l'a observé, il faut absolument qu'un enclos les préserve du bétail (5).

Ils demandent, au reste, les mêmes soins que les mûriers de haute tige. Quoiqu'ils puissent être plus rapprochés que ceux-ci, il ne faut pas cependant que leurs branches se touchent, elles empêcheraient les ouvriers de manoeuvrer autour de l'arbre, elles s'intercepteraient réciproquement l'air et le soleil. Ils peuvent être espacés sur des lignes parallèles, de manière que la distance d'un mûrier à l'autre soit de 3 mètres (9 pieds), et que l'allée entre deux rangées n'en ait que 2 (6 pieds) de large.

On forme leur tête en vase, bien élagué en dedans, afin que toutes les branches reçoivent l'action de l'air et de la chaleur.

De la greffe du mûrier.

Soit de haute tige, soit en buisson, le mûrier se greffe comme tous les autres arbres à fruits. Cette opération, qui *perfectionne*, par rapport à nous, la nature, l'altère réellement, du moins selon l'opinion la plus commune, puisque le produit de l'arbre ne s'améliore qu'aux dépens de sa force et des principes de sa vie (6).

Il n'entre point dans le but de cet ouvrage d'examiner les causes de ce phénomène; qu'il nous suffise d'indiquer ici l'explication qu'on en donne; savoir, que la partie de l'arbre formée par la greffe attire et pompe plus de sucs que la mère tige ne devrait en fournir selon sa nature : de là, les mûriers greffés sont plus riches en feuilles que les sauvageons, quoique moins durables. L'intérêt a calculé qu'il valait mieux jouir davantage en moins de temps; la culture du mûrier franc a prévalu sur celle du sauvageon.

L'opération de la greffe est trop détaillée dans les divers traités d'agriculture, pour qu'il soit besoin de s'y arrêter ici.

Il faut d'ailleurs qu'elle soit exécutée par des hommes exercés, et l'on ne fait point de tels apprentissages dans les livres. Contentons-nous d'en présenter quelques détails, pour satisfaire la curiosité du lecteur.

On greffe les mûriers à deux époques; ou à la pousse des arbres, au printemps, ou à celle d'été, dite aussi de la Madelaine. La première greffe est toujours préférable, parce que si elle réussit, elle donne plus de force au nouveau rejeton pour supporter l'hiver. La seconde ne doit donc être considérée que comme supplément à la première, quand celle-ci a manqué.

La greffe du printemps a les gelées tardives à craindre ; pour cela on la recule assez avant dans avril, si mars et février ont été trop doux. Mais alors, pour avoir des greffes, il faut empêcher les boutons ou les *yeux* des branches de se développer.

C'est à quoi l'on pourvoit, en coupant, dès la fin de février, des rameaux garnis d'yeux que l'on enterre au pied d'un mur, à l'exposition du nord, et dans une terre humide, en laissant trois ou quatre yeux hors de terre. Si la sève travaille, elle se portera à cette extrémité aérée, et les yeux enterrés dormiront. Avec cette précaution, on conserve ces yeux jusqu'au temps de la greffe. Parmi les différentes manières de greffer, les auteurs qui ont traité de la culture du mûrier, se partagent entre la greffe en flûte et la greffe en écusson. La première, qui paraît la plus difficile à exécuter, se fait en détachant de la branche dont on veut transporter la pousse sur un autre arbre, un anneau ou virole d'écorce, à l'endroit où se trouve un *œil*. Cette écorce doit se détacher tout d'une pièce, sans déchirure au moins trop considérable, et s'enlever de dessus la branche, comme si on voulait ôter le couvercle d'un étui. Pour cela, après avoir fait une incision circulaire à la hauteur convenable, on attire en en-bas la partie qu'on veut détacher, en la sollicitant et tournant avec ménagement. L'habitude et la dextérité doivent présider à cette opération. Quand cette écorce est sortie de place, on examine si l'*œil* a conservé son germe; c'est une petite éminence intérieure qui est le premier élément de la branche à naître de cet œil, et dont l'adhésion après l'écorce doit laisser un petit enfoncement dans le bois qu'elle a quitté.

Les rameaux trop secs ne livrent point leur écorce, et il faut les rejeter; trop frais, ils la retiennent encore fortement, mais du moins cet inconvénient disparaît aisément, en échauffant un peu la branche au soleil ; cette chaleur fait évaporer la sève trop abondante, et par cette évaporation il y a alors moins d'adhérence de l'écorce au bois.

Cet anneau bien levé se présente à quelque scion de l'arbre qu'on veut greffer ; il faut qu'il y entre juste, et s'applique exactement sur le bois de ce scion, dépouillé de son écorce en lanières qu'on ne détache pas de la branche, et dont on recouvre l'écorce qui porte la greffe. On attache le tout avec de la filasse sans serrer, pour ne pas gêner la sève, qui, passant du sujet dans l'intérieur de la greffe, nourrit cette écorce postiche et l'œil qu'elle contient, et bientôt l'incorpore à l'arbre auquel elle était étrangère. La greffe doit descendre sur la branche qui la reçoit le plus près qu'il est possible de la tige de l'arbre. Lorsque la sève de la branche du sujet se montre en bouillonnant au-dessus du bord supérieur de la greffe, c'est signe que l'opération est bien faite.

On retranche tous les scions non greffés. Vingt jours après, quand la greffe a repris, on ébourgeonne le sauvageon, si la pousse de la greffe est trop faible et a besoin de toute la sève. Dans le cas contraire, on la laisse *s'amuser* dans quelques faibles bourgeons, pour qu'elle ne se porte pas avec trop de vigueur à la greffe, à laquelle elle nuirait, en lui fournissant des sucs trop abondans. Ces petites branches qu'on laisse au sauvageon servent aussi, dans les premiers temps, à abriter celle de la greffe contre le vent, à lui servir même de tuteur.

La greffe en écusson est beaucoup plus facile à pratiquer. Ce qu'on lui reproche, c'est qu'elle peut aussi plus aisément se détacher de l'arbre par quelque accident. Le principe en est, d'ailleurs, le même que celui sur lequel est fondée la greffe en flûte, et il consiste à appliquer sur le bois mis à nu d'un sujet, un morceau de l'écorce d'une autre branche, garni d'un œil ou du germe d'une nouvelle pousse, qui, étendu sur ce bois couvert de sève, y adhère, s'y nourrit, et finit par s'y incorporer.

On greffe donc en *écusson*, en enlevant de dessus une branche de mûrier franc, un morceau d'écorce garni d'un œil avec son germe, et taillé en triangle oblong, à peu près de la forme d'un V, ou de l'*écu* des anciens chevaliers, d'où lui vient son nom d'*écusson*. On pratique sur le *sujet* ou sauvageon destiné à recevoir la greffe, une incision en forme de T ; puis, entr'ouvrant de droite et de gauche les lèvres de l'incision perpendiculaire, on y insère la pointe de l'écusson, et on le fait descendre sous l'écorce, jusqu'à ce que son bord supérieur entre et s'applique juste sous l'incision transversale qui forme la tête du T. L'incision verticale, plus longue que la supérieure, doit avoir de 3 à 4 centimètres (15 ou 18 lignes) de longueur. On entoure la greffe d'un peu de laine ou de filasse, au-dessus et au-dessous de l'œil, mais sans serrer.

Lorsqu'on greffe à l'écusson au printemps, on enlève à un décimètre (3 pouces) au-dessus de la greffe, un anneau de l'écorce du sauvageon, pour interrompre l'ascension de la sève, et la forcer à s'arrêter au bouton étranger qu'elle doit nourrir : c'est ce qu'on appelle greffer *à la pousse*. Lorsqu'on fait cette opération à la Madelaine, on n'enlève point d'écorce au sauvageon, afin que le bouton de la greffe soit moins hâté, et qu'il ne fasse point de progrès avant l'hiver : cette manière de greffer est dite *à l'œil dormant*.

Dans tous les cas, on forme plusieurs greffes, pour que l'une manquant soit remplacée par les autres.

De la taille des mûriers.

Les mûriers plantés et greffés ont besoin encore d'être conduits et entretenus par une taille intelligente. Dans cette opération, on comprend la taille proprement dite, l'émondage et le recepage.

La taille dans la jeunesse contribue à leur donner une forme favorable; plus tard on les émonde de branches inutiles et de mauvais bois; enfin, quand ils vieillissent, on leur rend quelque jeunesse en les étêtant ou les recépant. On taille les mûriers de manière à faire prendre à leur tête la forme d'un vase à trois ou quatre branches. Cette forme est favorable au cueilleur, qui récolte aisément la feuille en dedans de l'arbre; elle est favorable à l'arbre lui-même, qui reçoit sur plus de surface l'air et le soleil. On emploie aussi le moyen d'un écartement forcé, pour diriger convenablement ces trois ou quatre premiers jets qui doivent être provenus de greffe, et qui formeront les maîtresses branches. Pendant les premiers temps on raccourcit ou ravale les jets qui viennent l'un sur l'autre, afin que la sève nourrisse davantage et la tige, et les branches principales. Il faut tailler et diriger les jets pendant trois ou quatre ans de suite, pour bien assurer leur direction et, pour ainsi dire, leur pli, avant de les livrer à eux-mêmes. Pendant ces premières années, on donne la feuille de ces mûriers aux jeunes vers : quelques auteurs recommandent, mais contre la pratique ordinaire, de ne pas les en dépouiller aussi exactement que des arbres en plein rapport, surtout du côté des fortes branches.

L'émondage sert à débarrasser l'arbre en plein rapport de ses mauvaises branches, telles que celles qui ont été cassées ou froissées par la *cueillette*, et qui forment des *chicots*, *ergots* ou *allumettes*, ainsi que des branches *chifonnes* ou *gourmandes*, ou de *faux bois*. Les *chifonnes* sont des branches grêles et dont les yeux sont très-écartés ; les *gourmandes*, plus grosses, droites comme des cierges, croissent rapidement, et ont aussi peu d'yeux que les chifonnes. Les branches de faux bois sont celles qui poussent tout à coup sur de vieilles branches qui ne donnaient plus d'yeux.

L'émondeur doit détacher toutes ces parties à ras des branches ou des tiges, et ne point laisser de chicots.

Il faut à un bon émondeur non-seulement de bons outils bien affilés, mais encore beaucoup d'adresse et de sûreté dans la main, pour ne pas se blesser quelquefois lui-même ; mais c'est là ce qui ne peut s'apprendre que la serpette à la main. Pour bien entretenir les mûriers, il suffit de les émonder tous les deux ans ; si on les néglige longtemps, ils se rabougrissent. Pour quelque cause que ce soit, il faut les raviver par le ravalement et le recepage.

Dans cette opération, on raccourcit les plus fortes branches avec la scie ou la cognée ; on fait faire à l'arbre une tête nouvelle.

Les jeunes mûriers se rabougrissent par une mauvaise cueillette, soit qu'on les cueille trop tard, soit qu'en les cueillant de terre, on plie ou torde leurs branches pour les abaisser à soi.

Il ne faut pas quelquefois se contenter d'étêter de vieux mûriers ; il convient encore, pour leur rendre de la sève, d'en déchausser le pied, d'y porter du fumier, des branches de buis ou autres broussailles, des feuilles, des cornes, des gravois, des débris de tanneries, etc. Ces matières contribuent à donner de la fraîcheur aux racines, et à rendre la terre perméable aux diverses influences atmosphériques.

Les mûriers négligés sont attaqués de punaises et d'autres insectes qui les font dépérir. Si le mal est grand, il faut abattre beaucoup de bois, et nétoyer le reste souvent et avec soin (7).

Plus les arbres sont malades, plus il y faut abattre de bois. Lorsqu'on voit, par exemple, que la feuille jaunit en automne, sans cause étrangère, un émondeur ravalera de la moitié de leur longueur, et même plus et toutes les grosses branches.

Si le même symptôme se manifeste sur de vieux mûriers et sur toutes leurs branches, dès le mois de mai, le mal peut être regardé comme sans remède, et ces arbres ne sont plus bons qu'à arracher.

Toutes les coupes doivent être nettes et bien parées. Elles doivent être aussi faites obliquement, et de manière que la pluie ne séjourne pas sur le plan de la coupe.

On émonde ordinairement après la

récolte des feuilles terminée, et quand la seconde sève a déjà pris son cours. De bons agriculteurs blâment cette pratique : ils voudraient qu'on émondât au fur et à mesure qu'on aurait un certain nombre de mûriers cueillis. La raison qu'ils en donnent est assez péremptoire ; c'est que la nouvelle sève ne pouvant plus se diriger que dans les branches qu'on lui a réservées, y abonde avec plus de force, et ne se perd plus dans les canaux inutiles qui doivent tomber à un émondage plus tardif.

Au reste, les propriétaires de mûriers, qui suivent la méthode de les émonder après la récolte de la feuille, ne sauraient du moins mettre trop de hâte et de promptitude à faire cette opération, et plus ils la retarderaient, moins le mûrier aurait de temps pour avancer sa pousse d'automne. L'hiver la saisirait, qu'elle ne serait encore qu'herbacée, et trop tendre pour en supporter les froids ; l'arbre lui-même alors courrait le risque d'y périr. Dans cette pratique, on a pour but de se procurer pour le printemps suivant des feuilles plus hâtives et en plus grande quantité. Mais l'on a observé que l'émondage fait en automne ou en hiver, était plus favorable aux arbres, et que ceux qui étaient conduits de cette manière, fatiguaient moins et se conservaient plus long-temps, et même qu'au printemps suivant ils poussaient avec beaucoup plus de vigueur. On ne doit émonder que par un temps sec ; si le temps était pluvieux, il vaudrait mieux différer, ou même renvoyer l'opération à l'année suivante.

L'émondage d'hiver se fait lorsque les gelées ont cessé. Un mûrier de dix ans, bien entretenu, doit donner 50 kilogrammes pesant de feuilles. Sa force végétative va croissant encore pendant vingt ou trente ans, à raison de la bonté du sol et de la culture : il est rare qu'il ne dépérisse pas au bout de quarante ans.

On fait quelquefois succéder, et sans repos, deux plantations de mûriers dans le même sol ; mais il faut que le terrein en soit excellent, et que l'on y prodigue les engrais, et même, dans ce cas, jamais on n'en tente une troisième. L'usage est que lorsque le temps d'arracher une plantation est venu, on n'en forme une seconde sur la même place, qu'au bout d'une vingtaine d'années, pendant lesquelles on met cette terre en culture ordinaire.

Les mûriers plantés en bordures le long des chemins ou des champs, y sont plus espacés, plus aérés; et tout en prenant plus de nourriture que ceux qui sont plantés en bouquets, ils épuisent moins la terre, et sont cependant plus forts et plus vigoureux. Ces arbres, mieux exposés à l'action de l'air et du soleil, fournissent aussi une feuille plus savoureuse et plus riche en sucs. Il serait avantageux d'encourager ce mode de plantation dans tous les pays où le mûrier peut réussir.

De la maladie des mûriers.

La cueillette de la feuille et l'opération de la greffe paraissent les principes de la destruction rapide des mûriers francs (8). Non-seulement ils vivent moins long-temps que les sauvageons, mais même, ce qui est décisif à ce sujet, ceux qui ne sont point destinés à la nourriture des vers à soie, surpassent en force et en durée ceux qui sont condamnés, pour ainsi dire, à ce travail forcé.

Il ne paraît pas qu'il faille chercher ailleurs la cause des progrès de leur dépérissement. En effet, les éducations des vers à soie, aujourd'hui plus nombreuses et conduites avec plus d'intelligence, opèrent une consommation plus considérable et plus complète de la feuille; tandis qu'autrefois on n'avait jamais besoin d'en dépouiller totalement un arbre; circonstance qui équivalait pour lui à la pratique conseillée par de bons agriculteurs, de laisser reposer les mûriers une année sur trois (9).

Cependant on attribue vulgairement cette mortalité des mûriers à une *contagion*. On en donne pour preuve, qu'un mûrier, jeune planté où un autre aura péri, tardera peu à s'y dessécher.

L'abbé de Sauvages trouve plus naturel de croire que c'est l'épuisement de la terre et l'impossibilité d'étendre au loin ses racines dans un sol durci et non travaillé à fond, qui font périr ce jeune mûrier. A défaut d'expériences positives, on peut considérer ce qui se passait autrefois, et quels étaient les mûriers primitifs dont quelques-uns vivent encore. D'après les faits et ce que disent les vieux auteurs, on voit qu'il y avait alors beaucoup plus de sauvageons que de mûriers francs, que la cueillette était moins complète, qu'on laissait, en outre, reposer une partie d'une plantation, tandis qu'on cueillait le reste; et alors on ne se plaignait ni de la mortalité, ni de la contagion des mûriers (10).

Observations sur l'analyse chimique des feuilles du mûrier, et sur quelques variétés de cet arbre.

Cinq cents parties de feuilles du mûrier soumises à l'analyse chimique donnent, en général, beaucoup plus que les trois cinquièmes d'eau, plus qu'un cinquième de résidu insoluble, excepté dans le mûrier greffé à mûres grises, dont les jeunes feuilles donnent moins de ce résidu ; le reste de leur substance se compose d'une matière soluble qui forme presque la moitié de ce reste, d'une fécule verte, et qui en est presque le quart, mais cependant moins abondante dans les jeunes feuilles que dans les autres, d'une gomme dans un rapport plus ou moins rapproché de la quantité de fécule verte, selon la qualité de la feuille, d'une matière végéto-animale, à raison d'une cinq-centième partie environ ; enfin, de quelques parties perdues par l'évaporation. On voit par-là quelle prodigieuse transpiration doit s'opérer dans le ver à soie, qui de ces cinq cents parties ne s'assimile que la gomme et la matière végéto-animale, et combien, par conséquent, la qualité plus ou moins absorbante de l'air ambiant doit influer sur sa santé et sa conservation.

Le mûrier sauvageon et le mûrier d'Espagne à larges feuilles greffé, sont ceux qui donnent le moins de gomme et le plus de fécule verte et de matière insoluble. D'ailleurs, aucune espèce ne donne de signes ni d'acidité ni d'alkalescence.

Le mûrier d'Espagne à larges feuilles, introduit dans le Piémont, paraît y nuire à la finesse de la soie. Au reste, les agronomes et les cultivateurs n'ont pas encore bien décidé toutes les questions qui se sont élevées sur l'éducation ou le choix des espèces de mûrier les plus convenables à la nourriture du ver à soie. Les contradictions nombreuses des auteurs, à cet égard, laissent l'esprit du lecteur dans le doute, et il faudrait une longue suite d'expériences pour éclaircir toutes les difficultés de cette matière. Ainsi, par exemple, le mûrier noir est réprouvé en France, et il donne, en Espagne, la belle soie de Grenade, et, en outre, Valmont de Bomare atteste qu'un essai de cette même nourriture, fait avec soin en 1786, produisit, au jugement de la Société d'agriculture de Paris, une soie plus belle que toutes celles qui provenaient de vers nourris avec la feuille ordinaire.

Quoique l'analyse précédente établisse que la feuille du sauvageon est celle de toutes qui donne le moins de gomme, il n'en est pas moins certain que de deux chambrées égales de vers, soignées de la même manière et réussissant dans le même rapport, mais nourries, l'une avec la feuille-sauvageon, l'autre avec la feuille-greffe, la première des deux est celle qui filera plus de soie. D'ailleurs, cet excédant de produit ne paraît pas, il faut l'avouer, assez considérable pour décider de suite la question en faveur de la nourriture des vers avec la feuille-sauvageon.

On accorde communément à cet arbre, qu'on regarde comme plus près de l'état de nature, le privilége d'être plus robuste, de durer plus long-temps que le mûrier greffé. L'examen de cette question et de quelques autres qui en dérivent, fut proposé en 1787 par l'académie de Valence; mais ce problême important ne produisit qu'un Mémoire de M. A. Duvaure, cultivateur et membre de la Société d'agriculture de Paris. Quoique manquant de contradicteurs, et triomphant sans ennemis, ce Mémoire parut si lumineux qu'il fut couronné à Valence en 1790, approuvé par la Société de Paris en 1792 : il fut imprimé depuis en 1796. L'auteur, par de bonnes preuves et des raisons convaincantes, ravit au mûrier sauvageon l'avantage de sa longévité et de sa force; et comme cet arbre est d'ailleurs incontestablement moins productif que le mûrier franc greffé, il ne lui reste plus de prétentions à se substituer à celui dont la pratique a consacré l'usage. D'ailleurs, il est certain qu'il y aurait beaucoup d'améliorations à faire dans la culture et la conduite du mûrier. Les agronomes les plus éclairés s'accordent aujourd'hui à blâmer la taille d'été, qui occasionne une grande déperdition de sève. Il paraîtrait aussi très-essentiel à la conservation de cet arbre, de lui accorder au moins une année de repos sur trois, et de diviser les plantations en trois parts, dont deux seulement seraient à la fois et tour à tour en *cueillette réglée*, tandis que l'autre se reposerait.

Les ravages que les cueillettes font dans les arbres par la torsion et la cassure des branches, sont aussi une des causes de leur dépérissement. De là plusieurs auteurs se prononcent pour la culture des arbres nains. M. Calvel, l'un de nos agronomes les plus instruits, vient même de publier, à cet égard, un petit Mémoire où il se prononce pour l'exploitation de ces arbres, et propose de servir aux vers à soie un peu grands la feuille tenant à l'*élagage* même de ces mûriers. Il trouve, dans cette pratique, plusieurs avantages remarquables, et entre autres une cueillette plus facile et plus prompte, une feuille moins échauffée et plus aisément essorée en temps de pluie. (L'abbé de Sauvages prétend, au contraire, que la feuille après la branche se fane plus vite que quand elle en est séparée.)

M. Calvel, qui atteste cependant que cette pratique lui a réussi, ajoute, ce qui est sensible, que le ver à soie, ainsi nourri, est plus aéré, n'est point étouffé de sa litière ou incommodé de ses vapeurs. Il dit aussi que la feuille est plus complètement mangée, et engage les Sociétés savantes à accorder leur attention aux avantages de ce procédé.

Au milieu de ce choc d'opinions, qui décidera quelle est la bonne route à suivre? L'expérience, l'expérience! que les sociétés départementales la provoquent, que les autorités l'encouragent.

L'industrie est là qui attend les lumières pour se développer et se perfectionner.

Achat et vente des feuilles.

Le premier soin de celui qui se propose d'élever en grand les vers à soie, est d'assurer leur subsistance ; car cette espèce de chenille consomme beaucoup de feuilles. Nous indiquerons plus bas la proportion du poids de ces feuilles avec celui de la *graine* (œufs de vers à soie) qu'on fait éclore.

Le même homme ne possède pas toujours, et le local propre à l'éducation des vers, et le terrein suffisant à la culture d'autant de mûriers qu'il en a besoin : aussi ces deux branches d'une même industrie se trouvent-elles souvent séparées ; et les choses n'en vont probablement que mieux, puisqu'en tout état de cause, plus il y a d'argent employé à concourir au résultat d'une même entreprise, plus ses bénéfices divisés et répandus font sentir de bien-être, et excitent d'activité dans un pays.

Ainsi donc, le maître des vers est obligé de traiter avec le propriétaire des mûriers. Les plus gros marchés se concluent de février jusqu'en avril; ce qui n'empêche pas la vente courante des feuilles durant toute la saison des vers, et suivant les besoins du moment. Chaque pays, au reste, a ses usages à cet égard ; voici la pratique ordinaire de l'habitant des Cévennes pour ces sortes de marchés. On retient d'avance le produit d'un nombre de pieds d'arbres proportionné aux besoins présumés de la couvée qu'on veut faire éclore. Le prix des feuilles est nécessairement variable d'une contrée à l'autre, parce qu'il dépend partout de plusieurs circonstances locales et accidentelles qu'on ne saurait soumettre à un calcul bien rigoureux. Ainsi, par exemple, dans toute contrée très-favorable au ver à soie, et où il réussit bien et habituellement, ce prix doit être naturellement plus élevé que dans une autre où une température plus irrégulière rend aussi l'éducation des vers plus incertaine. Ensuite, comme les feuilles se vendent au poids, et que le mûrier qui porte plus de mûres qu'un autre, donne, par-là même, des feuilles plus pesantes, on ne doit pas payer cette espèce aussi cher que celle qui produit moins de fruit, attendu que ce fruit est inutile à la nourriture des vers à soie. (On les voit cependant le sucer lorsqu'il est parvenu à son point de maturité.)

Une saison plus ou moins pluvieuse entre aussi pour beaucoup dans les accidens qui influent sur le cours de cette espèce de commerce. Les pluies, en effet, et la température humide, sont funestes aux vers ; elles occasionnent parmi ces animaux délicats des épidémies funestes : alors le prix de la feuille baisse, surtout vers la fin de la saison. Enfin, il s'établit une balance naturelle et nécessaire entre le prix marchand de la soie et celui de la feuille, qui est, pour ainsi dire, le premier élément de sa production.

Telles sont les principales circonstances qui se combinent dans l'estimation de la valeur des produits du mûrier, et qui empêchent qu'on n'en présente autre chose qu'une évaluation approchée. En général, et dans les circonstances ordinaires, le prix de la feuille varie, d'une contrée à l'autre, de 2 à 4 francs les 50 kilogrammes ou ancien quintal ; des circonstances favorables peuvent d'élever jusqu'à 5 francs. Lorsque les vers ont réussi d'une manière extraordinaire, on voit quelquefois, et surtout vers la fin de leur nourriture, la feuille monter jusqu'à 12 ou 15 francs ; mais c'est là une *hausse* toute favorable au cultivateur, et purement accidentelle, partant toujours momentanée. Dans des années où le ver à soie réussit mal, les prix précédens peuvent descendre jusqu'à 1 franc, et même au-dessous.

Quand on conclut ces marchés en février ou mars, la végétation, encore endormie ou très-peu développée, semble laisser les contractans sans guide et sans règle dans leur évaluation ; mais l'expérience et la routine viennent à leur secours. On estime, selon la grosseur et l'âge des arbres et la qualité du terrein, qu'il faut de vingt à trente pieds pour donner 1,500 kilogrammes ou 3,000 livres pesant de feuilles. Le produit commun des arbres en plein rapport et bien cultivés est de

75 kilogrammes; quelques-uns restent en dessous; d'autres aussi vont de 100 à 125 kilogrammes.

Il est ici question des arbres plantés par masse. Les mûriers isolés et en bonne terre ont une végétation plus vigoureuse, et donnent depuis 300 jusqu'à 600 kilogrammes de feuilles.

Lorsque les vers à soie sont sortis de leur quatrième maladie, c'est alors qu'on pèse chaque jour la *cueillette* des feuilles qu'on leur destine, et qu'on évalue le produit des arbres dont la feuille a déjà été consommée, d'après ce que rendent ceux de même force à cette époque. Règle générale : on estime que jusqu'à cette quatrième maladie, le ver à soie ne consomme que le tiers de la quantité de feuilles qui lui est nécessaire pour arriver à son parfait développement. Ainsi, la jeune feuille qui a été mangée tendre et avant d'avoir acquis toute sa croissance, et par conséquent tout son poids, est cependant portée, par approximation, à celui qu'elle devait avoir.

On admet que pour élever 3 décagrammes (une once) de graine de vers à soie, il faut communément, et l'un portant l'autre, de 800 à 1000 kilogrammes pesant de feuilles, quelquefois un cent de moins, quelquefois un cent de plus, et qu'on en retire depuis 35 jusqu'à 50 kilogrammmes de cocons : mais cette base ne convient qu'aux *chambrées* médiocres très-habilement dirigées, et où les vers, moins encombrés, et par conséquent plus facilement soignés, réussissent plus complètement. Si au contraire on fait ces *chambrées* trop fortes, c'est-à-dire si l'on entasse dans un local beaucoup plus de vers qu'il n'en devrait contenir pour qu'ils y jouissent de l'aisance et des soins qui leur sont nécessaires, alors la mortalité y devient aussi plus grande ; par conséquent, la consommation diminue, et quelquefois est réduite, en dernier résultat, à 6 ou 700 kilogrammes de feuilles.

Dans quelques contrées, ce sont des arbitres choisis par le vendeur et l'acheteur qui évaluent les feuilles, et en déterminent le poids, après que les vers sont sortis de la quatrième maladie. En général, on prend le produit de quelques pieds d'arbres pour terme de comparaison et base moyenne du poids de tous les autres.

Il est rare qu'un propriétaire de mûriers fasse porter ses feuilles au marché ; on vient plus habituellement les lui acheter sur l'arbre. Le transport s'en fait avec de certaines précautions : le plus long voyage qu'on doive leur faire faire est de dix à douze lieues ; transportées plus loin, les feuilles courraient risque de se fatiguer et se faner. Dans les chaleurs, il est encore convenable de choisir la nuit pour le transport, afin que la feuille ne s'échauffe pas; car, dans cet état, elle ne peut plus servir qu'à la nourriture du bétail (11).

Le prix des feuilles se paye d'ordinaire au vendeur après la vente des cocons, sauf les stipulations expresses et contraires à cet usage. Les cultivateurs, par exemple, qui ont demandé à être soldés en cocons, en reçoivent la quantité convenue aussitôt qu'on les ôte des bruyères sur lesquelles ils ont été filés.

Le travail des cueilleurs se paye ou à la journée, ou d'après le poids de leur cueillette; ils prennent depuis 60 centimes jusqu'à 1 franc par demi-quintal métrique, selon que l'arbre est bien taillé et commode à cueillir.

Outre ceux pour qui l'éducation des vers à soie est un objet de commerce et de grande spéculation, il est peu de personnes dans les campagnes qui ne tirent, plus ou moins, quelque parti de cette industrie : le moindre paysan, qui n'aura que quelques mûriers autour de sa chaumière ou dans son modeste jardin, élevera des vers à proportion de la feuille qu'il présume pouvoir en recueillir.

Sur un domaine plus étendu et planté d'un assez grand nombre de mûriers, on loue, pour la saison, des hommes ou des femmes qui font métier d'élever des vers à soie ; on les intéresse dans l'entreprise, en leur assurant une part dans les cocons qu'ils feront venir, à raison de tant par cent (12). Du reste, le propriétaire des feuilles fait dans ce cas toutes les avances, fournit le local et les ustensiles nécessaires. Quelquefois aussi on traite avec ces sortes d'entrepreneurs, à la condition qu'ils rendront 1 kilogramme ou 1 kilogramme et demi (de 2 à 3 livres) de cocons par chaque quintal de feuilles qu'ils auront employé. Dans ce cas, comme dans l'autre, on leur fait toutes les fournitures. *La litière* des vers, c'est-à-dire les débris des feuilles, reste au propriétaire.

En général, il n'y a dans le pays aucune classe d'habitans à qui ce genre d'industrie n'offre quelques profits. L'artisan même, dans les bourgs et les villages, y trouve une augmentation du revenu de son travail. Sa femme et ses enfans font éclore les vers, et les conduisent jusqu'au sortir de la troisième ou quatrième maladie. Alors il quitte lui-même son atelier pour leur donner les derniers soins, et si son logement est trop étroit, il leur cédera jusqu'à la place de son lit, pour donner à ces précieux ouvriers tout l'espace qui leur est nécessaire.

Le *bourgeois* ou propriétaire, dont une plantation de mûriers et la vente des feuilles forment le principal revenu, ne renonce pas tout à fait pour cela à faire produire aussi chez lui un peu de soie. Sa femme et ce qui compose sa famille ou son domestique, réservent quelques arbres pour élever deux ou trois onces de *graine*. Lui-même il dirige l'exploitation de ses mûriers, a soin que les jeunes arbres soient recueillis les premiers, et qu'ils ne soient point endommagés ; surveille la pesée des feuilles, ou les fait arbitrer, etc. etc.

C'est ainsi que les divers détails de l'éducation d'un faible insecte occupent et font vivre toute la population d'une contrée qui, au premier aspect, paraît assez peu favorisée de la nature ; mais cet insecte est lui-même un artisan aussi utile qu'ingénieux ; et bientôt les riches produits de son travail, livrés au commerce et à l'industrie, accueillis, recherchés par un luxe bien entendu et véritablement national, iront parer les belles, meubler nos appartemens, et s'associer à l'or qui brille dans les palais des princes et les temples de la Divinité.

Achat ou vente et couvaison de la graine ou œufs de vers à soie.

Après avoir pourvu aux moyens d'assurer la subsistance des vers, il s'agit de les faire éclore.

On sait que, comme toutes les autres chenilles, ils naissent des œufs que dépose le papillon sorti de la coque ou cocon filé par le ver à soie, et qu'a-

bandonnés au hasard, ces œufs éclor-
raient d'eux-mêmes, lorsque la température de l'atmosphère aurait acquis
un degré convenable de chaleur ; mais
ici, comme pour tous les autres êtres
que l'homme plie à son service et force
à satisfaire ses besoins, il faut que l'art
vienne au secours de la nature pour la
seconder, la diriger même, et l'assujétir à une marche à peu près uniforme
et régulière (13).

On suit donc divers procédés pour
soumettre ces œufs à une chaleur ar-
tificielle égale et propre à les faire
éclore tous à peu près dans le même
temps donné.

L'instant propice à cette opération
est aussi celui de l'activité d'une des
spéculations commerciales auxquelles
la culture du ver à soie donne lieu ; je
veux dire la vente et l'achat de sa *graine*.
Il est, en effet, des éducateurs de vers

à soie qui comptent plus particulièrement sur cette partie de leur produit, et qui laissent venir de grandes quantités d'œufs, pour les revendre l'année suivante. Ces œufs sont connus dans le commerce sous la dénomination de *graine*. Elle se vend au poids. Les acheteurs se présentent de mars en avril. Tous les vendeurs n'inspirent pas la même confiance, et les uns passent pour fournir de meilleure *graine* que les autres.

On croit dans les Cévennes qu'il n'y a point de signes bien certains auxquels on puisse distinguer la bonne graine de la mauvaise (14). Il est, d'ailleurs, certain que, d'une année à l'autre, les œufs gardés peuvent éprouver divers accidens qui les altèrent : ainsi, du plus ou moins de soin qu'on met à les conserver, dépend, au printemps suivant, leur plus ou moins avantageuse réussite.

Le prix de l'once ancienne de *graine*, environ 3 décagrammes, est, année commune, de 2 francs ou 2 francs 50 centimes. Dans quelques circonstances défavorables à l'acheteur, ce prix s'élève jusqu'à 4 et 5 francs. D'ordinaire aussi, vers la fin de l'époque propre à la couvaison, ce qui reste de graine à vendre tombe à 1 fr. et même plus bas.

La cause la plus habituelle de la hausse du prix de la graine tient aux variations de l'atmosphère, lorsqu'elles sont assez sensibles pour arrêter et retarder le cours de la végétation. Si, en effet, sur la foi des premières promesses du mûrier, on a fait éclore sa graine, et qu'un froid tardif et subit vienne suspendre le développement de la feuille, il est clair que l'arbre qui en aurait donné deux quintaux, en donnera tout au plus un, que par conséquent il faut cueillir deux arbres au lieu d'un. Il s'ensuit que l'once de *graine*, qui aurait consommé pour son éducation dix-huit quintaux de feuilles, en consommera le double. Mais, dans ce cas, les frais absorberaient le bénéfice ; et puisqu'il faut alors subir une perte quelconque, l'éducateur aime mieux faire le sacrifice de sa première couvaison, et acheter de nouvelle *graine*. Le prix en augmente alors, ainsi qu'on l'a dit plus loin ; mais cette hausse, qui ne fait guère que doubler les prix courans, cause à l'acheteur un préjudice bien plus léger que celui qu'il aurait à supporter, s'il s'obstinait à élever ses vers pendant une disette de feuilles qui l'obligerait à en faire double provision et double achat.

Lorsque la marche de la saison et de la végétation n'a point été interrompue, et que les premières couvaisons réussissent, selon l'ordre naturel des choses, c'est alors que la *graine* excède quelquefois les demandes, et qu'on donne ce qui en reste à tout prix, afin qu'elle ne soit pas tout à fait perdue; car lorsque les grandes chaleurs viennent, et à peu près dès le mois de juin, nulle précaution ne peut empêcher les œufs de fermenter et d'éclore spontanément. On a essayé en vain, pour les conserver, de les enfermer dans des vases d'étain, que l'on enfouit à une certaine profondeur dans la terre : la formation du ver n'en a pas moins eu lieu; et si on les soumettait à un degré de froid tel que la fermentation en fût tout à fait arrêtée, ce froid alors suffirait pour altérer le germe, et la graine serait toujours perdue.

La plupart des Cévenols qui vont élever des vers à soie dans les environs de Nîmes et de Montpellier, ou dans d'autres départemens voisins, emportent avec eux de la graine des Cévennes, parce qu'on regarde, avec raison, les vers élevés dans les montagnes, comme plus vigoureux que ceux des plaines.

Le printemps est, comme on l'a dit, l'époque de la couvaison. Le moment n'en peut être déterminé d'une manière précise; il faut consulter la saison et les progrès du mûrier, et combiner ses opérations de manière que le développement de la feuille corresponde à la naissance des vers.

Un hiver doux vers sa fin doit faire craindre des froids tardifs et des gelées d'avril, qui grilleraient les premiers bourgeons. En général, on peut épier le moment favorable de faire éclore du 15 au 25 avril; plus tôt on peut raisonnablement commencer, moins les vers seront exposés à souffrir des grosses chaleurs dans leur dernier âge (15).

Avant tout, il faut diviser sa graine

en petits paquets de 3 ou 6 décagrammes au plus (une ou deux onces); on enveloppe chacune de ces pesées dans un morceau de linge usé, d'environ 3 décimètres en tout sens, et l'on noue chaque paquet avec un petit cordon, mais de manière à ne pas serrer ou comprimer la graine. On place tous ces nouets au pied du lit, dans un coin de la paillasse; ils y restent huit ou quinze jours, selon les progrès de la végétation et de la chaleur : on ne néglige pas, d'ailleurs, de les visiter (16). Cette première opération n'est cependant, en général, que préparatoire, et voici les procédés que l'on suit dans les Cévennes pour la couvaison proprement dite. Lorsque l'on voit que le temps est tout à fait propice au développement de la graine, l'homme chargé de cet emploi a une corbeille ou panier ovale, en dedans duquel il place tous les paquets de graine ; un bâton fixé sur les bords du panier, et allant d'un bout à l'autre, lui sert à les suspendre, de manière qu'ils ne touchent ni le fond ni les côtés ; rien ne doit, non plus, peser d'en haut sur ces paquets, et l'anse de la corbeille sert, à cet effet, à en écarter tout ce avec quoi on peut la couvrir.

Le directeur de cette opération couche alors cette corbeille avec lui, dans son lit ; il la place le long de son corps et la retourne de temps en temps, afin que toutes les parties reçoivent une chaleur égale ; il ouvre même les nouets, afin d'en faire évaporer la transpiration. En se levant le matin, après avoir donné un peu d'air à son lit, s'il le trouve trop chaud, il met la corbeille à la place qu'il vient de quitter, la recouvre de ses draps et couvertures, et l'abandonne pendant trois heures environ. Au bout de ce temps, la chaleur du lit est trop baissée pour agir sur la graine, et l'homme se recouche pour la faire remonter. Il y emploie environ trois autres heures, et ainsi de suite, jusqu'à ce que les vers soient éclos. On faisait autrefois coucher, pendant le jour, ou un enfant, ou un chat, ou un chien, à côté de la graine; on y suppléait encore par une bassinoire, un vase renfermant de l'eau chaude, ou quelque corps dur chauffé à point, mais cet usage est maintenant abandonné. Plusieurs ne mettent pas même la graine dans leur lit pendant la nuit, mais ils placent le panier entre deux couvertures près d'eux, ou le recouvrent de leurs habits encore chauds (17).

La graine est inspectée deux fois par jour, et trois fois dès qu'on voit des vers paraître, savoir, le matin, l'après-midi et le soir : on dit qu'alors la graine *répond* (18).

On a remarqué que les instans de la naissance des vers se succèdent avec quelque régularité, et que les heures où il en éclôt le plus sont celles de quatre heures du matin et de quatre et dix du soir. Selon quelques naturalistes, le moment où il paraît plus de vers est de huit à dix heures du matin.

Dès qu'il y a une quantité suffisante de vers éclos, et au plus tard le deuxième jour après que les premiers ont paru, on porte la corbeille dans une pièce où le feu de la cheminée entretient la température à 16 et 17 degrés du thermomètre de Réaumur. Moins on diffère cette opération, moins il périt des premiers vers, qui meurent encore moins faute de nourriture que faute d'air. Là, les petits paquets sont ouverts et étalés près du feu sur une table : il y en a qui les placent dans des boîtes minces de sapin, sans odeur étrangère et garnies de papier. On étend sur les vers éclos une légère couche de filasse, et sur la filasse des bourgeons ou de jeunes feuilles de mûrier (19). Les petits vers, avides de nourriture, se portent à travers la filasse sur les bourgeons, que l'on retire lorsqu'ils sont suffisamment chargés, en piquant le bourgeon ou la feuille avec une épingle, dans les endroits où les vers ont laissé un peu d'espace libre. On fait cette levée trois fois par jour aux heures indiquées ci-dessus. Il est inutile d'ajouter qu'après chaque levée des feuilles ou bourgeons, on en remet d'autres sur la filasse. Dès qu'on a commencé à lever des vers, ils continuent d'éclore successivement : ce travail dure quelquefois un jour et demi, et quelquefois il emploie jusqu'à trois jours : si l'on voit qu'il se rallentit, on élève la chaleur d'un degré, et on la baisse s'il s'accélère trop.

Avant d'aller plus loin, il est bon de remarquer ici que la méthode de faire éclore les vers, telle qu'elle vient d'être décrite, a bien quelque incommodité, quoiqu'un seul homme, en suivant cette pratique, puisse échauffer de 6 à 8 hectogrammes de graine (20 ou 30 onces). Mais il est un procédé plus simple, quoiqu'un peu plus dispendieux, et qui convient aux grandes entreprises : c'est celui qui consiste à faire éclore les vers dans une chambre où la chaleur est entretenue par le feu à 16 et 18 degrés (20). La graine est étalée sur des tamis de soie placés sur des tables ; et pour que l'air de la porte, lorsqu'on l'ouvre, ne refroidisse point celui de l'intérieur de cette pièce, on entretient devant cette porte, et en dedans, un brasier allumé.

On remue de temps en temps la graine avec les barbes d'une plume; par ce procédé, les vers sont de dix à douze jours à éclore. L'œuf devient blanc à mesure que le ver s'y forme. Si l'on s'apercevait qu'il blanchît trop lentement, on pourrait augmenter la chaleur d'un degré. Si, au contraire, on craignait trop d'accélération dans le développement, on réduirait, en baissant le feu, la température à 15 degrés (21).

Au reste, le ver éclos, par quelque procédé que ce soit, demande les mêmes soins, et est traité de la même manière. On a déjà vu comment, au moyen d'une couche de filasse, on l'aide à se porter sur la première nourriture qu'on lui présente. On se rappelle aussi que les vers éclosent, ou du moins qu'on les lève trois fois par jour. Les deux premières levées faites se placent d'ordinaire ensemble sur les clayons ou planchers préparés pour les recevoir; et ce sont ceux du plus bas étage. Les deux secondes levées, c'est-à-dire la troisième et la quatrième, sont rangées au-dessus; et les deux autres, la cinquième et la sixième, à l'étage ou rang plus haut. Dans les grands ateliers, chaque levée suffit pour occuper à elle seule tout un étage.

Les intervalles qui se trouvent entre les heures de la naissance et de la levée des vers, apporteraient dans leur croissance une différence sensible, si l'on n'avait trouvé dans leurs placemens, ainsi que dans la distribution de leur nourriture, un moyen simple et facile de les ramener tous à peu près au même degré de force, et de les faire, par conséquent, avancer tous d'un pas uniforme dans la courte carrière que la nature leur a assignée. Pour cela, les premiers éclos sont placés plus bas, où règne une couche d'air d'une température un peu moins élevée, et ne reçoivent de nourriture que deux fois par jour, et de douze en douze heures. La seconde levée, étagée plus haut, y trouve une température plus douce, et reçoit les feuilles trois fois par jour, à quatre heures du matin, à midi et à huit heures du soir. Enfin la troisième levée occupe à l'étage au-dessus une région encore un peu plus chaude, et reçoit quatre fois des feuilles dans le même espace d'un jour. Par ce régime les derniers venus égalent bientôt les premiers en vigueur. Au bout de deux jours à peu près, on les met à une nourriture égale, en leur donnant à tous indistinctement trois fois leur provision de feuilles par jour, à quatre heures, à midi et le soir. On ne change cet ordre que dans le cas où les vers languissent, et où il faut relever leurs forces par plus de nourriture, ainsi qu'on le dira plus bas.

On doit avoir le soin de bien nétoyer ces premières feuilles, et surtout de les couper en trois ou quatre parties avec un couteau toujours propre, afin que les jeunes vers y mordent plus aisément (22).

Du local propre à élever les vers à soie, et des ustensiles qu'il doit contenir.

On a déjà vu qu'à l'instant où les vers à soie éclosent, on les place dans une pièce à cheminée, où l'on peut entretenir, sans une trop grande consommation de bois, 16 et quelquefois 17 ou 18 degrés de chaleur. On les élève dans cette température jusqu'après leur seconde maladie, et même, si la saison est froide, jusqu'après leur troisième et quelquefois leur quatrième.

En général, les locaux qu'on leur destine jusqu'à la fin de leur travail, doivent être à une exposition salubre, à l'abri de la réverbération du soleil, bien aérés, éloignés des endroits marécageux. Il est bon que l'appartement ait des fenêtres du côté du nord, pour pouvoir en rafraîchir l'air, en cas de grandes chaleurs. On cherche encore, autant que cela est possible, que la porte d'entrée ouvre sur des corridors, ou enfin qu'elle ne soit pas immédiatement exposée à l'air extérieur, pour ne pas établir un courant d'air trop vif du dehors au dedans. Enfin, on a des braisiers qu'on place devant cette porte pour échauffer l'air qui s'y présente.

Les gens de campagne, les simples artisans qui se privent souvent de leur seule chambre à coucher pour élever quelques décagrammes de graine, sont bien obligés de se contenter de leur local, tel que le hasard le leur a donné : aussi quelques-uns y réussissent-ils moins bien que d'autres. Au reste, l'expérience et une certaine routine leur apprennent à remédier aux inconvéniens, à tirer parti de leurs médiocres facultés; et malgré les incommodités qu'ils en éprouvent, il faut bien qu'ils trouvent leur petite industrie encore assez lucrative, puisqu'ils continuent de s'y livrer.

Les premiers meubles du local où s'élèvent les vers à soie, sont des râteliers avec des bâtons appelés *chevilles*, et des clayons. Viennent ensuite les planches avec leurs appuis et supports qui servent à dresser l'espèce d'échafaudage où l'on place le ver à soie lorsqu'il veut filer, et les branches de bruyère sur lesquelles il grimpe et s'établit pour jeter les premiers fils, et former son cocon.

Mais ces derniers objets ne nous occupent point encore; jusqu'à ce que le besoin en soit venu, commençons par placer convenablement nos petits vers qui ne font que d'éclore. On a dit plus haut qu'on les transportait sur des clayons disposés en étage au moyen de râteliers. Le clayon est une espèce de claie qui a 1 mètre et demi (4 pieds $\frac{1}{2}$) de longueur sur 8 décimètres (32 pouces environ) de large. Les bords, qui en sont relevés, ont de 6 à 8 centimètres,

(2 à 3 pouces) de hauteur; les bois dont le clayon est formé, sont aplatis. On recouvre le fond de gros papiers, et l'on y étend les feuilles sur lesquelles se répandent les vers à soie (23).

Les râteliers servent à disposer ces clayons par rangs ou étages; ces râteliers ne sont autre chose qu'une longue échelle dont on aurait supprimé tous les échelons, excepté les deux traverses du haut et du bas, qui assemblent et retiennent les montans. Ces montans ont environ deux mètres et demi de longueur, sur un décimètre d'équarrissage.

Les deux traverses qui les assemblent sont d'inégale longueur; celle d'en haut n'a que 7 décimètres, tandis que celle d'en bas en a environ 9: ce qui fait que les deux montans vont en se rapprochant vers le haut, comme les échelles doubles des jardiniers. Sur la face de chaque montant sont percés, du haut en bas, des trous à deux décimètres de distance l'un de l'autre. Ces trous reçoivent les bâtons ou chevilles qui supportent les clayons, et sont par conséquent proportionnés à leur largeur, ainsi qu'au diamètre des trous. D'après cette disposition, on voit qu'on peut placer aisément de dix à onze clayons sur le même râtelier, en laissant encore quelques trous libres, et qu'il faudrait qu'un local fût bien petit pour ne pas pouvoir contenir au moins quatre de ces râteliers. On les dresse le long des murailles, en leur donnant un peu de pied, et on les y fixe solidement, de peur que quelqu'ébranlement accidentel ne fasse renverser les clayons (24).

Dans les grands ateliers, lorsque les vers sont éclos et rangés aux clayons, le chef où directeur dresse son lit dans ce local, et ne le quitte plus jusqu'à la fin du travail des vers, afin de leur donner des soins plus uniformes et plus assidus. Ceux qui ne font éclore que quelques décagrammes de *graine*, s'ils ne dérangent pas pour cela leur lit, sont du moins obligés de se relever la nuit pour entretenir le feu et la chaleur au degré convenable.

Il y a des endroits, surtout dans les campagnes, où des femmes, renommées pour la *réussite* des vers, se chargent de la graine de plusieurs particuliers, et conduisent les vers jusqu'après la première maladie; moyennant un salaire, qui est ordinairement d'un franc par trois décagrammes : c'est d'ailleurs le propriétaire des vers qui fournit le combustible et la feuille.

Second local.

Lorsque les vers à soie ont pris un peu de force, il faut les étendre sur un plus grand espace, autrement ils se trouveraient entassés, se gêneraient, se nuiraient réciproquement, et beaucoup des plus faibles y périraient faute d'air, d'aisance et de nourriture (25).

Ceux qui ont des emplacemens convenables, les séparent alors en plusieurs chambres, d'autant plus que la saison est assez avancée pour que la température des appartemens soit naturellement élevée au degré nécessaire à la vie et à la santé des vers. Quelquefois cependant, si les nuits sont fraîches, il conviendra encore d'entretenir un peu de feu dans les cheminées.

On peut remarquer ici que les Cérenols, pour l'éducation des vers à soie, préfèrent le feu de la cheminée à celui du poêle, parce qu'en effet, dans les pièces chauffées de la première manière, l'air, sans cesser d'être suffisamment chaud, est plus souvent renouvelé, et plus pur que dans celles où l'on emploie le feu du poêle.

Les gens malaisés, qui élèvent cependant quelques vers à soie dans leurs modestes demeures, se procurent de l'emplacement pour les étendre d'une manière convenable, en élevant au milieu de leur logis une sorte d'échafaudage de planches, qui forment une suite d'étages élevés de 6 décimètres environ les uns au-dessus des autres. Cette *tablature*, autour de laquelle on doit pouvoir tourner pour servir et soigner les vers de tous les côtés, se nomme dans quelques endroits *tabarinage*.

Dans des emplacemens si resserrés,

les vers n'auraient pas assez d'air, si l'on n'avait soin de le renouveler souvent par les portes ou les fenêtres, ou même en pratiquant des ouvertures au plancher.

Les personnes qui ont beaucoup de mûriers sur leurs terres, et, en général, toutes celles qui veulent élever en grand le ver à soie, font construire de longs bâtimens appropriés à cette destination, exposés à l'est, et ayant, de l'est à l'ouest, une longueur indéterminée, et du midi au nord, de 4 à 5 mètres de profondeur (26). Le milieu de ces longues galeries est occupé par les *tablatures* ou *tabarinages*, dont il vient d'être parlé un peu plus haut. On les forme par deux rangs parallèles de solives, ou pièces d'équarrissage, dressées à 2 mètres de distance l'une de l'autre, tant sur la largeur que sur la longueur. Des traverses vont d'une solive à l'autre, mais sur la largeur seulement de cette espèce de colonnade, et c'est sur ces traverses que l'on range les planches qui forment les différens étages de cette construction. On a dit aussi que chaque étage devait avoir à peu près 6 décimètres d'élévation (27).

On dresse jusqu'à six ou sept de ces planchers ou étages, les uns au-dessus des autres, sur une longueur indéterminée et proportionnée à celle du bâtiment, ainsi qu'à la quantité des vers à élever. C'est sur ces planchers qu'on arrange les bruyères, où le ver grimpe pour filer sa coque (28).

Il faut que ces bâtimens soient bien clos et tenus avec propreté, pour en écarter les souris, qui feraient de grands ravages parmi les vers à soie. Le rez-de-chaussée de ces galeries sert de magasin : on y dépose les provisions de

4*

feuilles qu'on laisse reposer une heure ou une heure et demie, après les avoir cueillies, avant de les donner aux vers, en ayant soin de les remuer pour en faire dissiper le mauvais air.

Première maladie des vers.

Les jeunes vers ont été distribués plus haut sur les clayons, et placés aux râteliers selon l'ordre de leur naissance, et de manière que les premiers éclos occupent les étages inférieurs, les seconds ceux du dessus, et les troisièmes la région la plus élevée du local, où la température est un peu plus chaude. Si, d'après les premières précautions indiquées ci-dessus, ces derniers paraissaient s'arrêter dans leur croissance, on pourrait leur continuer la quatrième distribution de feuilles par jour, pour qu'ils suivent les autres dans les quatre révolutions ou maladies que les vers à soie éprouvent successivement.

C'est à leur septième ou huitième jour qu'ils font leur première mue. Lorsque l'on voit que les vers d'un clayon ne mangent presque point, on ne leur donne plus que quelques feuilles, et on augmente au contraire la portion de ceux qui n'offrent point encore ce symptôme de malaise, afin de les fortifier et les avancer. Dès qu'ils sont en pleine mue, on les laisse sans feuilles pendant quinze ou dix-huit heures ; mais au bout de ce temps, et lorsqu'ils se montrent au-dessus de leur litière, ou débris des premières feuilles qu'ils ont mangées, on leur donne des provisions fraîches, et l'on place les nouvelles feuilles, à mesure qu'ils montent dessus, sur un autre clayon. Comme il n'arrive pas que tous les vers d'un même clayon soient prêts à passer sur la feuille nouvelle dans la même heure, il faut, après les premières feuilles levées, et au bout de six heures d'intervalle, en mettre d'autres sur lesquelles passeront ceux qui étaient en retard, et s'il est nécessaire, on répète cette opération une troisième fois. On ne coupe plus les feuilles qu'on leur présente alors, afin d'avoir plus de facilité à les prendre, et à les transporter d'un clayon à l'autre, lorsqu'elles sont chargées de vers. Quand il n'en reste plus sur le premier clayon, on le nétoie en retirant la litière que les vers y ont laissée. Cette litière est la partie de la feuille qu'ils ne mangent pas, telle que les nervures, et après l'avoir laissée sécher, on la donne à manger aux cochons dans l'eau (29).

Pour ramener au même degré de force ceux qui sont sortis de cette première maladie à des distances inégales de temps, on les soumet au même régime que l'on a déjà indiqué lors de leur naissance, c'est-à-dire que l'on ne donne aux premiers levés que deux fois à manger par jour, aux seconds trois fois, et aux troisièmes quatre, et cela pendant deux jours. Tant que dure leur maladie, on ne tient la température qu'à 15 degrés de Réaumur; dès qu'ils sont tous passés sur la nouvelle feuille, on la relève à 17 degrés. Au bout de deux jours, on les remet tous à trois repas par jour, à moins que les derniers levés ne soient jugés trop faibles, auquel cas on leur continue une quatrième distribution.

La règle commune est, comme on vient de le dire, que les vers subissent leur première maladie au bout de sept à huit jours. Cette règle n'est cependant pas sans exception, et le temps plus ou moins favorable, la qualité de la feuille peuvent y apporter quelque variation. Au reste, quand ces causes, ou d'autres semblables, arrêtent les progrès des vers, il est toujours imprudent de les presser, en leur procurant trop de chaleur. Le meilleur expédient pour les avancer alors, est de leur donner un peu plus de nourriture, et de les mettre à quatre repas, au lieu de trois. Trop de chaleur, en les faisant croître plus vite, les énerve, et ne leur laisse pas le temps de former assez de sucs nourriciers ; au lieu qu'une température, même de deux degrés plus basse qu'à l'ordinaire, tout en les retardant un peu, ne les empêche point de se bien nourrir ; ce qui est essentiel pour qu'ils puissent donner une bonne soie. S'il arrive accidentellement que la température du local où sont les vers, se soit trop élevée, il faut, en la baissant graduellement, leur donner en même temps à manger, pour prévenir ou réparer l'affaiblissement que produit par elle-même la chaleur. D'ailleurs, si une température un peu basse leur nuit moins qu'une plus élevée, il ne faut pas non plus la laisser trop descendre. S'ils éprouvaient du froid, ils gagneraient bientôt d'autres maladies. Pour prévenir cet autre excès, on a soin d'écarter les vents coulis de leur appartement, par des toiles ou rideaux placés au-devant des fenêtres ou de la porte. On a déjà dit aussi que, selon l'état de l'air, on tenait derrière cette porte un braisier ou grand réchaud plein de feu, afin que l'air communiqué du dehors au dedans, soit plus en équilibre avec celui de l'intérieur.

Avant sa première mue, le ver à soie est noirâtre. Sa peau s'éclaircit, lorsqu'il entre dans cette première révolution ; quand elle est achevée, il paraît comme farineux; deux jours après, il devient plus blanc. Après la seconde mue, il est d'un blanc terne, et devient plus clair à mesure qu'il approche du moment de filer.

Les précautions et soins qu'on vient de décrire ici, se répètent à chaque maladie.

De la nourriture des vers à cette époque.

On ne coupe plus la feuille au ver après sa première maladie; seulement, lorsqu'il en sort, et il en est de même aux autres époques, on lui choisit, le premier jour, la feuille la plus tendre et la plus délicate, pour réveiller son appétit. C'est celle des arbres plantés dans le terrein le plus sec. On réserve les arbres les plus vigoureux et les mieux cultivés, et dont la feuille est par conséquent plus substantielle pour fournir à leur nourriture, après leurs troisième et quatrième maladies. Qu'on se rappelle cependant ce qui a été dit plus haut, sur la nécessité de faire évaporer la feuille grasse (30).

Au reste, quelque feuille qu'on leur donne, il est essentiel d'observer qu'il ne faut la cueillir qu'une heure après le soleil levé, afin que ses rayons aient eu le temps de dissiper la rosée et l'humidité des vapeurs et brouillards. On la laisse ensuite encore une heure dans le local où on la dépose, et on l'y remue avec soin, avant de la donner aux vers. Ce local doit être frais et sec. Lorsqu'on élève de très-grandes quantités de vers, il est bon d'avoir sa provision de feuilles pour un jour d'avance, surtout s'il y a apparence de pluie. Dans tous les cas, il ne faut jamais leur donner de feuilles mouillées ; il y a moins d'inconvénient à leur laisser manquer un repas. Cette privation ne peut que retarder leur marche, mais non les rendre malades ; ce qui arriverait, si on leur donnait des feuilles trop fraîches. Il faut aussi, comme il a été dit, rejeter celles qui se sont échauffées dans le transport (31).

On n'a encore trouvé aucune autre substance pour remplacer la feuille du mûrier dans l'éducation des vers à soie. Ils vivraient cependant aussi sur la feuille de ronce ; mais cet arbuste ne peut devenir l'objet d'une culture en grand, ni par conséquent être considéré comme la succédanée du mûrier, si ce n'est par hasard, pour le besoin d'un instant, ou pour une expérience de simple curiosité à tenter sur quelques vers.

De l'air et de son renouvellement dans une chambrée de vers à soie.

Quelque temps qu'il fasse, c'est un principe dans les Cévennes, de ne jamais introduire l'air dans une chambrée de vers à soie, par une communication immédiate et directe. Ainsi, lorsque le temps est frais, les fenêtres sont fermées, ou par des vitres, ou avec des châssis, et on renouvelle l'air alors, soit au moyen d'ouvertures pratiquées au plafond, si le local le permet, soit par une baie ou fenêtre ouverte au-dessus de la porte, et au-devant de laquelle cependant on tient un rideau ou couverture. Dans les chaleurs, on peut ouvrir les fenêtres, mais avec la même précaution de tenir un rideau étendu au-devant.

Lorsque le vent de sud ou d'ouest

souffle, il faut tenir fermées les fenêtres qui sont à cette exposition ; on n'en ouvre point non plus pendant la pluie.

Si la porte du local n'est point en communication immédiate avec l'air extérieur, et qu'elle donne dans d'autres pièces ou des corridors, on l'ouvre durant les grosses chaleurs, ainsi que les fenêtres du côté du nord, en n'oubliant pas la précaution du rideau.

Règle générale : on doit toujours mettre les vers à soie à l'abri de la réverbération du soleil ; ensuite il faut opposer à la chaleur de la saison les moyens propres à rafraîchir la température de la chambrée, en observant toutefois que la chaleur naturelle, lorsqu'elle n'est pas excessive, ne leur nuit point autant que si elle était portée artificiellement au même degré. Dans le cas du refroidissement de l'atmosphère, on veillera à ce que le thermomètre ne descende pas plus bas que 15 à 16 degrés, autrement il faudrait le relever par le feu. Cette dernière température est aussi celle où il faut tenir les vers, lorsqu'ils sont malades.

On est obligé de citer, pour se faire entendre de tout le monde, les degrés du thermomètre, comme mesure d'évaluation de la chaleur. Cependant, il est vrai de dire que dans toutes les campagnes des Cévennes, on ne trouverait peut-être pas quatre thermomètres : ce qui n'empêche pas les paysans, les ouvriers, et autres gens de la classe inférieure, de se livrer à l'éducation des vers à soie. La routine, l'habitude, le tact, et une sorte d'instinct, voilà leurs régulateurs ; et avec ces moyens ils conduisent leur entreprise avec assez de succès, pour y trouver des moyens d'échange avantageux, et fournir, par le produit de la soie, à la plupart des premiers besoins de la vie que leur refuse un sol ingrat.

Du temps d'orage, des chaleurs orageuses et de la toufe.

Quand il survient un orage, la première précaution à prendre est de fermer les fenêtres et la porte. On brûle ensuite des herbes aromatiques, ou l'on purifie l'air avec du vinaigre réduit en vapeurs sur la pelle rouge.

Les vers à soie se trouvent bien de ces fumigations odoriférantes. Cependant les odeurs trop pénétrantes leur sont nuisibles, et notamment celles du musc, de l'ail, du tabac, ainsi que la vapeur du charbon brûlé (gaz acide carbonique).

Quelquefois, sans orage, il survient une chaleur étouffante; l'air est lourd et calme; on respire à peine : cet état de l'atmosphère s'appelle *la toufe* dans plusieurs contrées. On l'y éprouve d'ordinaire entre dix heures du matin et une heure d'après midi. Dans ce cas, on doit mettre la chambrée en communication avec un air frais, soit par les ouvertures du plafond, soit par les fenêtres exposées au nord, en supposant qu'elles ne reçoivent point la réverbération du soleil. C'est aussi le cas de brûler des herbes aromatiques, de réduire du vinaigre en vapeurs sur la pelle ou la brique rouge, d'allumer un peu de feu clair et flambant ; mais tous ces moyens supposent essentiellement l'établissement d'un courant d'air du dehors au dedans et du dedans au dehors. Une seconde précaution non moins essentielle est de donner aux vers, pour les rafraîchir, de la feuille nouvelle une ou deux heures avant le moment réglé pour la distribution ordinaire. On avance aussi alors à proportion leur second repas, afin qu'ils ne soient pas trop long-temps sans manger.

Ce moyen de prévenir les effets affaiblissans de la chaleur, a été déjà indiqué plus haut ; et l'on ne peut que répéter ici qu'il est indispensable de l'employer dans tous les cas où la température se trouve trop élevée, soit accidentellement et par la trop grande action du feu, soit naturellement et par l'effet de la marche de la saison (32).

Seconde maladie des vers.

L'exposition des soins que réclament les vers dans leurs diverses maladies, ne ferait que ramener des répétitions pour le moins inutiles : le lecteur pourra donc se rappeler et consulter ce qui a été dit à ce sujet, à l'article *de la première maladie* (*page* 82). Qu'il suffise de rappeler ici, en peu de mots, que cette seconde maladie présente, dans son arrivée, son cours et sa terminaison, les mêmes circonstances que la première, et demande par conséquent le même régime. Ainsi, sept à huit jours après avoir subi son premier changement, le ver recommence à ne plus se montrer si vivement sur la feuille; c'est alors aussi qu'on la lui économise davantage, et qu'on l'en prive ensuite tout à fait, lorsqu'on le voit reparaître et reprendre son activité, tant pour donner aux plus retardés le temps d'achever leur mue, que pour ne pas nuire, en les couvrant trop, à ceux qui ne sont pas encore sortis de la feuille. Du reste, pour l'intensité de la chaleur et la distribution des repas, il n'y a qu'à suivre ce qui a été dit plus haut. Il est cependant une observation particulière à cette seconde maladie; c'est que le ver qui y parvient à une plus grande croissance, a aussi besoin de plus d'espace. En conséquence, on peut alors répartir sur quatre clayons la même quantité de vers qui n'en occupait que trois, et ainsi de suite à chaque maladie suivante. On a soin aussi à ce même temps d'étendre çà et là les feuilles sur le clayon, afin de forcer les vers à se disperser pour les aller chercher. Seulement on prend garde de ne pas en placer trop près des bords des planches ou des clayons, et de manière que le ver courre risque de tomber et de se blesser ou se perdre.

Lorsque le ver quitte sa seconde peau, elle reste collée à la place où il a subi le travail de cette métamorphose. Il en sort comme d'un étui et du côté de la tête. Sa couleur, à cette seconde époque, continue à tirer sur le blanc. Voilà la marche ordinaire du ver à soie, tracée jusqu'à l'époque de sa quatrième révolution. En attendant le moment de s'occuper de cette dernière période de sa vie, comme ver ou chenille, il convient d'indiquer ici les maladies accidentelles auxquelles il est sujet pendant les intervalles de ses mutations périodiques.

Maladies particulières des vers à soie.

Il se manifeste parmi les vers à soie quelques maladies purement accidentelles et d'un caractère différent, qui dérivent cependant d'une même cause générale, c'est-à-dire de méthodes mal entendues, soit dans la direction de leur éducation, soit dans les moyens de les préserver des influences atmos-

phériques contraires à ces animaux (33).
On distingue principalement parmi les *vers malades*, les *passis*, les *muscardins*, les *morts blancs* ou *tripes*, les *gras* ou *jaunes*, les *luzettes* et les *courts* ou *courchots*.

En langage du Midi, *passi* veut dire *flétri* ou *desséché*. Cette maladie se manifeste après la première mue, dans le second âge; elle affecte les chambrées où il se trouve beaucoup de *menuaille* (34) ou de vers qui avancent très-inégalement, et dont une grande quantité surtout fait peu de progrès. Cet état se développe dans les éducations qui ont été exposées à une chaleur forte et étouffée, soit pendant la couvaison, soit pendant le premier âge. On dit communément que ces vers ont été *brûlés*; on croit qu'ils ont eu trop de chaleur, parce qu'ils en ont éprouvé une mal dirigée (35).

Les vers affectés de cette maladie quittent la feuille, et vont périr çà et là sur le bord des ateliers, dans une espèce d'état de marasme et de langueur.

La maladie des *gras* ou grasserie ne commence guères à se déclarer que vers la seconde mue, et pendant le troisième âge suivant. Elle paraît provenir d'une nourriture trop substantielle pour cette époque, lorsqu'on n'a pas soin de fournir aux vers des feuilles d'une espèce tendre, ou cueillies sur de jeunes arbres. Les vers gras continuent de manger ; ils grossissent ou enflent, mais leur corps est opaque et de couleur verdâtre, probablement à cause de la feuille qu'ils ne digèrent pas. L'humeur malfaisante qui se forme dans leur corps, transsude au dehors, et elle se répand sous forme de liqueur visqueuse et sale. L'insecte meurt, pour l'ordinaire, deux ou trois jours après qu'il a passé le temps de la mue, dont il ne subit point la crise (36).

Il paraît encore que dès le moment de la couvée, le ver à soie contracte des dispositions à cette maladie, lorsque la graine a été mal hivernée, que les vers éclosent spontanément, ou par l'artifice d'une chaleur animale, mais accompagnée de transpirations humides, sans que la graine ait été aérée suffisamment par une fréquente ouverture des nouets ou petits paquets où elle est enfermée.

On ne spécifie pas bien précisément en quoi consiste le vice des feuilles réputées capables de donner des *gras*. On dit que la feuille jaunie par la gelée peut contribuer au développement de cette maladie ; on dit aussi, mais bien plus déraisonnablement, que les bourgeons donnés aux vers avancés la provoquent : ce qui est contraire à toutes les expériences, qui prouvent que la feuille la plus tendre, excepté dans le temps de leur grand appétit, vers la fin de leur croissance, est aussi la plus salutaire.

Enfin, il est très-probable que le froid qu'éprouveraient des vers au moment de la mue, pourrait contribuer à multiplier les *gras* dans une chambrée.

Sous ce rapport, cette maladie se rattache à des causes un peu plus sensibles que la précédente, et par conséquent plus faciles à modifier et corriger.

Ce n'est pas, au reste, le froid seulement, mais c'est surtout l'humidité de l'atmosphère, lorsqu'elle peut agir sur les vers à soie, c'est le relâchement qui s'opère en eux par les temps pluvieux, qui semblent donner lieu à l'irruption de la *grasserie* ou des maladies des *morts blancs* et des *jaunes*, qui ne paraissent que des modifications de celle des *gras*.

Le ver à soie soumis au régime d'une nourriture qui lui fournit beaucoup plus de parties fluides que de parties solides, doit nécessairement se délivrer du superflu de ces fluides par d'abondantes transpirations. Si, d'un côté, ils étaient augmentés en lui par des feuilles mouillées, que de l'autre l'humidité de l'atmosphère, en privant l'air de sa force absorbante, s'opposât aux fonctions de la transpiration, point de doute que le ver à soie, à qui ces fonctions sont si essentielles, ne contractât un engorgement, suivi de pléthore et d'accidens plus ou moins variés et analogues à la combinaison de cet état avec quelques circonstances particulières. Ainsi, par exemple, une humidité froide pourra se diversifier, par ses effets, de l'action d'une humidité accompagnée de vents chauds.

Ainsi, les *tripes* ou *morts blancs* qui meurent dans toute leur grosseur, et avec la blancheur de leur peau, et un crotin sec au derrière, semblent périr étouffés faute de ressort suffisant pour digérer et expulser leurs déjections; leur cadavre devient *noir* à la longue, et on l'appelle à cause de cela, *capelan* (*un chapelain*) (37).

Quelquefois l'interruption par atonie des fonctions vitales donne aux vers un dévoiement qui est toujours mortel. Plus souvent la pléthore se déclare par suite de la répercussion à l'intérieur de la matière transpirable, qui se convertit en humeur purulente, et dont l'expansion au dehors caractérise la maladie des *gras* proprement dite. Les *jaunes* en diffèrent principalement par la couleur qu'ils prennent et qui sert à les désigner; du reste, même engorgement, même ralentissement terminé par la cessation complète du mouvement des fluides. Dans les *jaunes* aussi la jointure des anneaux est relevée en bourrelet; ce qui paraît être l'effet de la raréfaction des humeurs par la chaleur.

Cette couleur jaune leur vient peut-être de la décomposition de la gomme soyeuse, ou d'une infiltration dans le tissu de la peau.

La jaunisse commence par les bords des stigmates, gagne les anneaux, et de là tout le corps. La chaleur humide en paraît la cause la plus active, et tout moyen qui absorbe l'humidité et renouvelle l'air en est par conséquent le remède (38).

Le feu est sans contredit le premier de ces moyens : aussi est-il essentiel à employer dans les ateliers où l'air trop stagnant s'est chargé de vapeurs échauffées, et surtout dans des jours de pluies froides, sous l'influence des vents d'ouest, en n'oubliant pas de donner par le haut de la chambre une libre issue à l'air vicié.

La maladie dite *muscardine* est plus particulièrement la suite et l'effet de la toufe dont il vient d'être parlé. Si cette toufe est trop violente ou qu'elle dure trop long-temps, l'état de langueur où elle plonge les vers dégénère en véritable maladie qui s'annonce par des taches noires ou livides sur différentes parties de leur corps; elle les rend aussi d'une couleur rougeâtre tirant sur la cannelle, d'où on les appelle dans cet état *canelas* (39).

Le muscardin, au lieu de tomber en dissolution putride comme les *gras* et les *jaunes*, se durcit, se dessèche, et se couvre d'une espèce d'efflorescence blanche comme de la chaux. Le ver ainsi desséché se casse comme du bois sec : on pourrait le conserver long-temps dans cet état, sans qu'il se décomposât davantage.

Il paraît que le nom de *muscardin* lui vient d'une espèce de confiture sèche de ce nom (40). Les auteurs un peu anciens ne parlent point de cette maladie, d'où l'on peut inférer qu'elle est nouvelle. L'abbé de Sauvages n'hésite pas à en attribuer l'origine aux grandes éducations que l'on fait à présent des vers à soie, au trop de soin, ou plutôt au soin mal entendu que l'on met à leur intercepter l'air en bouchant portes et fenêtres, surtout à la privation d'une circulation libre dans le haut de l'atelier pour en laisser échapper les vapeurs : d'ailleurs il nie qu'elle soit contagieuse et qu'elle puisse se communiquer par la graine de tel pays ou les meubles de tel atelier (41).

Son plus grand développement dans les temps chauds, sa disparition dans les saisons sèches, prouvent assez qu'elle est simplement locale et accidentelle. Les vers, d'ailleurs, n'en sont guères attaqués qu'au moment de leur plus grande force, qui est aussi le temps où commencent les chaleurs; autre coïncidence avec la cause ci-dessus indiquée.

La muscardine attaque les vers même dans le cocon; et les fèves ou chrysalides qui s'y sèchent paraissent avoir péri par le même principe qui rend les vers muscardins: d'ailleurs, la soie de ces cocons est très-belle et file bien.

Il n'en est pas ainsi des cocons des chrysalides dissoutes ou tombées en putréfaction. L'humeur noirâtre qu'elles répandent salit leur soie; d'où l'on pourrait inférer que c'est la *grasserie* qui les a atteintes jusque dans la retraite où elles s'étaient renfermées.

Aussi verra-t-on plus bas qu'au moment où les vers filent, il faut entretenir dans l'atelier un air aussi pur, une température aussi régulière que quand ils sont encore sur la feuille.

La muscardine est plus aisée à prévenir qu'à guérir, si en effet elle résulte principalement de chaleurs étouffées, puisqu'alors il suffit de donner du large à ses vers, de les rafraîchir en ôtant la litière et y substituant de la feuille fraîche, de renouveler l'air par des moyens désinfectans, comme dans les hôpitaux, surtout de laisser dans le haut de l'atelier des échappées libres aux vapeurs qui s'y élèvent. (Voyez aussi ce qui a été dit plus haut, à ce sujet, à l'article *de la Toufe*.)

La *clairette* ou *luzette* se manifeste par la transparence que prend surtout la partie antérieure du corps des vers à soie, effet d'où cette maladie tire son nom. Les vers qui en sont atteints s'appellent aussi *luzettes*. Elle est commune à tous les âges, mais plus ordinaire à la suite de la quatrième mue : les vers alors deviennent *courts*, et meurent sans avoir fait de cocons.

On a trouvé par l'ouverture des *luzettes* que le canal alimentaire était rempli d'une matière muqueuse et très-transparente. Des vers qui ont long-temps jeûné présentent le symptôme de la clairette : on en peut conclure que cette maladie tient à quelque perturbation dans les fonctions digestives. Il paraît que, du moins en beaucoup de cas, de la feuille fraîche et tendre suffit pour guérir la clairette, qui, provenant de quelque désorganisation particulière, n'attaque jamais que quelques individus.

Au temps de la montée des vers pour faire leur cocon, il se trouve toujours quelques vers qui se raccourcissent sans filer, et qu'on appelle *vers courts*, *courches* ou *courchots*. Cet état particulier, sans être précisément une maladie, paraît tenir cependant à quelque désordre dans l'économie animale, d'autant plus qu'il se manifeste davantage dans les temps humides et froids qu'en toute autre circonstance.

Il y a de ces vers courts qui paraissent ne savoir pas grimper, et qui filent lorsqu'on les place ou dans des cornets de papier, ou parmi des pelures de vannier ou de menuisier ; il y en a qui meurent en jetant çà et là quelques brins de soie : peut-être y a-t-il chez eux quelque vice dans l'organe de la filière, ce qui fait qu'ils étouffent pleins de la gomme soyeuse qu'ils ne peuvent faire sortir en dehors. Quand c'est le froid qui ôte aux vers la force de filer, le remède est indiqué par la nature même du mal. Hors de ce cas, l'état des vers courts ou courchots tient à quelque circonstance particulière et peu connue (42).

De l'état des vers à soie, après leur quatrième maladie.

On a conduit le ver à soie dans sa troisième et sa quatrième maladie, comme dans les deux premières. La seule attention de plus à avoir est de lui procurer plus d'espace à ces deux dernières époques, attendu qu'il est plus gros, et que la gêne et l'entassement ne peuvent que nuire à son parfait développement.

L'expérience habituelle a permis d'estimer qu'après sa quatrième révolution terminée, le ver à soie doit avoir mangé le tiers de la quantité de feuilles qui lui est nécessaire pour atteindre le complément de son organisation, comme ver. Ce temps du plus grand appétit des vers s'appelle la grande *frèze*, la *frèze* proprement dite ou la *brife*. Alors aussi, lorsque la chambrée a réussi, qu'il y a eu un temps suffisamment bon et point de maladies extraordinaires, on compte sur autant de livres de cocons qu'il faudra de livres de feuilles pour chaque repas.

Quatre jours après la quatrième maladie, si le temps a été tempéré et sec, et trois jours après, s'il est chaud et humide, on change les vers à soie de clayon, en leur donnant de nouvelles feuilles pour leur faire abandonner leur litière, afin qu'ils ne s'y échauffent pas, et n'en reçoivent pas des exhalaisons putrides. Deux ou trois jours après, on répète cette précaution : c'est alors aussi qu'il convient de leur donner autant de large qu'il est possible (43).

Sorti de sa quatrième maladie, le ver emploie de huit à dix jours à acquérir la force nécessaire pour subir sa plus grande métamorphose, et passer de l'état de chenille à celui de chrysalide.

Lorsque l'atmosphère est à la température la plus convenable, cette période est de neuf jours. Un peu plus de chaleur l'accélère d'un jour; un peu plus de froid la retarde de un ou deux.

Si des pluies ou des vents froids réduisaient, dans cette saison, la température à 14 ou 15 degrés au-dessus de zéro, il ne faudrait pas hésiter à la relever dans l'atelier, par le feu, parce que le ver alors mangerait trop long-temps sans avancer, et multiplierait les frais par cette consommation inutile.

Des chaleurs considérables pressent encore davantage le ver de filer, et alors on le voit quelquefois faire son cocon dès le septième jour, d'après sa quatrième mue. Mais ces cocons sont d'ordinaire légers de soie, et de faible qualité, parce que l'animal n'a pas eu le temps, ni de se former assez de sucs, ni d'élaborer suffisamment la matière soyeuse. Le rapport entre la soie produite et le poids de ces cocons est, en ce cas, de 13 à 1, ou autrement, 13 kilogrammes de cocons ne donneront qu'un kilogramme de soie. Pour affaiblir les effets de ces inconvéniens de la saison, la première précaution à prendre est d'augmenter la nourriture des vers, en leur donnant quatre et même cinq fois à manger par jour; on les tient en même temps au large, afin qu'ils ne s'échauffent point les uns les autres. Du reste, on redouble tous les soins déjà indiqués plus haut pour leur procurer un air frais (44).

Si le temps ou les précautions ont pu conduire le ver à soie à ne filer que le neuvième ou même le dixième jour après sa quatrième maladie, on est sûr qu'alors il est fourni par une nourriture assez longue et une parfaite assimilation, de la matière gommeuse la plus propre à donner une soie abondante et de qualité supérieure ; alors aussi le rapport du poids des cocons à celui de la soie s'améliore, et il ne faut plus que 11 kilogrammes des premiers pour en donner un de soie.

En tout état de choses, le conducteur des chambrées ne doit pas hésiter à donner aux vers, tant qu'ils ne sont point malades, autant de feuilles que leur appétit en demande : ainsi, lorsqu'il voit qu'ils ont bien mangé les feuilles du matin, il ne risque rien d'augmenter un peu la distribution du soir, ou mieux encore de multiplier les distributions en les faisant plus petites.

Ce n'est que six à sept jours après sa quatrième maladie que le ver à soie cesse de croître. Sa longueur varie alors de 7 à 9 centimètres environ (2 pouces 6 lignes à 3 pouces 2 lignes.)

Sa grosseur est celle du tuyau d'une forte plume à écrire, ou d'une plume de cygne, et sa couleur d'un blanc sale : mais il acquiert beaucoup de transparence, en commençant par la tête. Ses déjections ou crotins, qui jusqu'alors avaient été durs et noirs, sont mous et verdâtres.

Parvenus à ce point, les vers à soie n'en restent pas moins si semblables les uns aux autres, qu'aucune observation ne peut faire distinguer en eux de signes indicateurs des variétés de soie qu'ils doivent filer. On croit même dans les Cévennes qu'on ne peut y reconnaître le sexe futur des papillons. Cependant des naturalistes prétendent que le ver ou chenille d'où doit sortir un papillon mâle, a les yeux plus vifs et plus apparens que celui qui doit donner une femelle, ce qui n'est pas encore suffisamment vérifié.

Montée des vers à la bruyère pour y faire leurs cocons.

Quand huit jours environ après la quatrième maladie, les vaisseaux où s'amasse et s'élabore la gomme que le ver doit convertir en longs filets de soie, commencent à se remplir, alors l'insecte donne divers signes indicateurs de ce nouvel état : l'appétit cesse en lui avec le besoin de nourriture. On en voit plusieurs quitter la feuille et s'avancer au bord des planches, cherchant quelque point d'appui d'où ils puissent développer le tissu merveilleux où la nature les pousse à s'enfermer.

Ils traînent déjà des fils autour d'eux ; enfin, tous paraissent d'une transparence assez lucide quand on les expose au jour. Un autre symptôme de cet état, c'est la maladie des jaunes, qui, quand elle doit avoir lieu, se manifeste un ou deux jours avant la montée. C'est alors qu'il faut se hâter de disposer des branches de bruyères sur les planchers mobiles décrits plus haut, pour présenter aux vers une sorte de bocage artificiel, et qui leur offre des points d'appui commodes pour jeter leurs fils et former leur cocon.

On emploie à peu près un demi-quintal métrique pesant de ces branches de bruyères, par 3 décagrammes (environ une once ancienne) de graine que l'on a fait couver.

Ces branches ne doivent point former de rameaux trop épais, sans quoi le ver à soie ne s'y logerait pas commodément. Comme on les courbe en arc entre chaque étage du *tabarinage*, elles en doivent aussi dépasser de quelque chose la hauteur, qui est, comme on l'a dit plus loin, de 6 décimètres environ (de 20 à 25 pouces).

Voici comme on dispose ces bruyères. On se rappelle qu'on a élevé au milieu du local plusieurs longs planchers étagés les uns au-dessus des autres : leur longueur est à volonté ; leur largeur est d'environ 2 mètres. Deux hommes se placent de chaque côté, et vis-à-vis l'un de l'autre, avec des bruyères, et portent chacun leur première branche au milieu d'un plancher, en commençant, comme de raison, par l'une des extrémités du *tabarinage*. Ils courbent cette branche en dedans, et elle se trouve contenue dans cet état par l'effet de cette courbure qui presse contre le plancher supérieur. Près de cette première branche, et sur la même ligne, en venant vers le bord latéral du plancher, ils en placent une seconde; et ainsi de suite jusque près des bords. Cette première ligne placée, ils en forment une seconde parallèle à celle-ci, à 4 décimètres (environ 14 pouces.) de distance, et en recourbant, cette fois, l'extrémité des bruyères vers celle des premières, pour qu'elles forment, par leur rencontre, une espèce de voûte, ou berceau, présentant, dans cette suite d'arceaux, l'aspect d'une petite allée couverte : les Cévenols donnent à cet arrangement le nom de *cabane.* Après la formation de la première allée ou voûte, on lui en adosse une seconde en s'y prenant de la même manière; et pour perdre le moins d'espace qu'il est possible, le premier rang des branches de cette seconde allée est toujours contigu au second rang de la première (45).

A mesure que l'on a préparé un

nombre suffisant de ces cabanes, on enlève de dessus leur litière les vers qui paraissent les plus avancés, et on les transporte sous les voûtes de bruyère, au moyen d'un plateau, ou ustensile quelconque plat, et qui puisse entrer dans la largeur des berceaux. On y distribue aussi de la feuille, comme à l'ordinaire, pour ceux qui voudraient encore manger. Mais bientôt ceux que le besoin de filer presse, se répandent çà et là, et rencontrant les branches de bruyère, ils y grimpent, et cherchent à s'établir dans un poste propre au travail auquel ils sont appelés. On en voit quelquefois redescendre des bruyères pour retourner à la feuille; mais ils tardent peu à la quitter tout à fait, pour se remettre à filer, sans plus abandonner l'ouvrage (46). On ne peut s'empêcher de contempler avec curiosité et intérêt le travail de cet industrieux insecte. On le voit, du poste où il s'est fixé, jeter de côté et d'autre les fils qui doivent soutenir et fixer sa dernière retraite. Ces premiers fils s'appellent *araignée* et *bourette*. Ensuite, quand l'insecte s'est donné assez de points d'appui, il promène autour de lui sa tête pivotante sur la moitié de son corps, qui s'alonge, se courbe et se replie en divers sens, pour arrêter et régulariser, comme par un mouvement de compas, les dimensions elliptiques et la circonférence de son cocon. Dès que cette circonférence est formée, le ver qui en occupe l'intérieur continue de jeter des fils sur le dessin qu'il s'est tracé; il s'en entoure également, et, tournant sur la partie inférieure de son corps, il s'emprisonne et se resserre lui-même dans les proportions qu'il s'est données. Le voile continue à s'épaissir : l'ouvrier a disparu à nos yeux; mais c'est dans le silence de la retraite qu'il achève et complète son admirable ouvrage, et se prépare à passer à la nouvelle vie qui doit perpétuer dans sa race innombrable l'héritage de son merveilleux instinct et la succession de ses utiles travaux.

Le ver file tant que ses réservoirs lui fournissent de la gomme. Lorsqu'ils s'épuisent, les fils deviennent plus déliés. Ce travail dure environ trois jours, selon le temps et la constitution du ver. Il n'est pas très-rare qu'en montant à la bruyère, deux vers se trouvent placés à côté l'un de l'autre, et mêlent leurs travaux : ils s'enveloppent alors dans le même cocon. Ces cocons sont plus fournis de matières que les autres, et l'on est obligé de les filer à part, comme on le dira plus bas. Le nombre de ces associations est d'autant plus considérable, que la chambrée a mieux réussi : on en compte quelquefois de six à dix par cent (47).

Le deuxième jour environ que les vers ont été mis sous la bruyère, on inspecte l'état de ceux qui sont encore sur les feuilles, et quand un berceau est suffisamment garni de vers qui filent, on retire ceux qui n'ont pas encore monté, pour les placer à une autre cabane.

Il arrive quelquefois que ces vers soient mouillés par l'effet d'une déjection qui s'opère dans ceux qui montent, et avant qu'ils commencent à filer. Les vers qui se trouvent ainsi mouillés en éprouvent un malaise qui les rend paresseux. On les ranime en les exposant une heure au soleil. On suit ces mêmes précautions de berceaux en berceaux, jusqu'à ce qu'enfin tous les vers soient montés aux bruyères. Deux à trois jours après qu'ils ont commencé d'y monter, il ne doit plus en rester dans la feuille. On laisse cependant encore pendant trois ou quatre jours la litière sous les berceaux ; alors seulement on la retire, en prenant garde de ne pas ébranler les bruyères et déranger les vers (48).

Au reste, ils sont si appliqués à leur ouvrage, qu'ils l'abandonnent difficilement. Le bruit ne les empêche pas de travailler ; mais des secousses qui ébranleraient les planchers, pourraient les faire tomber et périr, lorsqu'ils ne sont encore soutenus que par quelques brins de soie (49).

Lorsque le ver est renfermé dans son cocon, il y subit encore une nouvelle métamorphose. La déperdition qu'il a éprouvée d'une bonne partie de sa substance, lui permet de réduire son corps à de moindres dimensions. Il s'est en effet raccourci insensiblement de plus des deux tiers de sa longueur; ses anneaux, comme des cercles concentriques, se sont retirés les uns dans les autres. Il prend alors une forme de petit œuf ou d'olive, oblongue, pointue par les extrémités, renflée au milieu, et reste ainsi dans un état d'engourdissement, pendant lequel sa peau ou enveloppe devient brune et écailleuse. Dans cet état, on l'appelle *chrysalide* et *nymphe*, ou *fève*, à cause de sa forme.

Lorsque le ver file, et même pendant qu'il subit dans le cocon le travail de cette métamorphose, on doit continuer à lui renouveler l'air; autrement la chrysalide pourrait périr (50). Elle éprouve dans ce cas une décomposition fluide que les gens du pays appellent *fonte* et *fondu*. Cette dissolution se manifeste davantage dans les lieux où règne un mauvais air, et la matière qui en résulte détrempant le cocon, le tache et brûle même la soie, si elle y reste trop long-temps : on sépare ces cocons pour les filer et en tirer une soie de basse qualité. Si on les laissait en effet avec les autres au bassin, ils en rendraient l'eau sale, bourbeuse, et altéreraient le lustre de la soie. On a vu plus haut que les *fèves* ou *chrysalides* étaient aussi exposées à périr de la *muscardine* : dans cet état elles s'appellent *dragées*.

Vers de trois maladies.

Parmi les vers, en général, et à proportion du nombre des chambrées, il se trouve toujours quelques individus extraordinaires, vrais phénomènes dans leur espèce, qui ne subissent que trois mues, et qui à la quatrième révolution des autres, se trouvent déjà en état de filer. Ils ont acquis en trois périodes tout le développement, toute la force convenable à leur nature, et ils sont alors aussi parfaitement organisés, que le seront les autres au bout de quelques jours. Quand, en visitant les clayons, on aperçoit, à cette époque, de ces vers hâtifs, on les met en quelque endroit à part, en leur donnant les moyens de filer; mais on ne cherche point à en conserver la race, et on ne les laisse point donner de graine (51); leurs cocons sont aussi plus petits.

Des différentes espèces de cocons.

Les vers à soie, dans une même chambrée, donnent, les uns des cocons blancs, les autres des jaunes et des roux.

Les cocons blancs donnent une soie plus fine de brin, mais aussi plus bouchonneuse. Cette soie, à l'emploi, prend d'ailleurs un plus beau blanc, et est recherchée pour les couleurs claires. Ces avantages lui donnent un prix un peu plus haut, et on la paye 10 cent.

de plus par demi-kilogramme. Cependant les cocons blancs n'en sont pas plus, pour cela, l'objet d'une spéculation expresse et particulière, parce que les vers qui les donnent, passent pour plus délicats et plus difficiles à élever que les autres : sans cela, on recueillerait plus exclusivement la graine des papillons sortis des cocons blancs. On se contente donc, pour l'ordinaire, d'en laisser quelques-uns parmi ceux qu'on réserve pour *graine*; et quand bien même on ne ferait pondre que les papillons sortis des cocons jaunes et roux, il est certain qu'à la prochaine couvaison, plusieurs des vers sortis de ces œufs fileraient des cocons blancs.

La soie, comme on vient de le dire, en est plus fine, et ils en sont moins fournis. Aussi on dévide six cocons blancs pour former un brin égal à celui que donnent cinq cocons de couleur.

La couleur des autres cocons varie du jaune au roux, avec des nuances plus ou moins foncées. Le cocon qui, en commençant, offre une couleur plus prononcée dans la partie qu'on appelle côte ou frison, donne un fil plus pâle ou plus clair, après qu'on en a dévidé cent ou deux cents mètres; et même vers la fin, ce fil devient presque blanc; et *vice versâ*, le cocon dont le brin est plus clair en commençant, donne, en avançant, un fil toujours plus foncé.

Il est des contrées où, pour avoir toujours des cocons de bonne espèce, on renouvelle la graine de ver à soie tous les cinq ou six ans; sans cette précaution, la qualité de leur soie irait en s'altérant. D'autres conserveront dix et douze ans une espèce qui leur a bien réussi (52).

Les signes de la dégénération de la

graine sont la formation de cocons ou trop gros ou trop petits ; ces deux extrêmes sont également réprouvés des éducateurs ; et lorsqu'ils s'aperçoivent dans leurs cocons d'une tendance vers l'un ou vers l'autre, ils font venir de nouveaux œufs de ver à soie de quelque pays renommé pour la qualité de sa graine, ou seulement en prennent de nouvelle auprès de leurs voisins.

Les vers à soie, bien que si difficiles à distinguer dans l'état de vers, ne donnent pourtant pas tous des cocons d'une grosseur uniforme ; on peut en remarquer quatre sortes, d'après leurs proportions très-différentes. Ceux de la première grosseur sont de la forme et du volume de l'œuf d'une jeune poule, mais avec les pointes également arrondies : on en laisse disparaître l'espèce dans plusieurs endroits. Ceux de la seconde peuvent se comparer à la forme et au volume d'un œuf de perdrix. Ceux de la troisième espèce ont la grosseur d'une petite noix oblongue, les pointes arrondies, et le centre un peu déprimé ou aplati. On les appelle *milanais*, parce que la graine en a été tirée originairement de ce pays. Cette espèce est très-estimée dans les Cévennes (53).

Après ceux-ci, une espèce plus petite encore offre, sous un moindre volume, les mêmes formes et proportions que la précédente. Ces cocons ne sont pas plus forts qu'un gros gland : on les appelle *petits milanais*.

Toutes les grosseurs intermédiaires de cocons peuvent se rapporter à l'une de ces quatre classes, selon que leur volume s'en rapproche plus ou moins.

Vente et achat des cocons.

Le temps d'enlever les cocons de la

bruyère, ou de les déramer, est déterminé par la température qui a régné durant le travail des vers. Si l'air a été chaud, il faut ne les laisser sur place qu'une douzaine de jours ; s'il est frais, on peut les conserver jusqu'à quinze.

Il y a peu de propriétaires de cocons qui soient dans l'usage de les faire porter au marché ; la pratique la plus ordinaire est que le vendeur prenne au hasard sur ses planchers, une ou plusieurs branches de bruyère, chargées de plusieurs cocons, et que, les enveloppant dans un linge blanc, il aille les offrir comme échantillon aux acheteurs. Ceux-ci concluent quelquefois le marché sur cette montre, et retiennent par-devers eux la branche d'échantillon pour pièce de confrontation. D'autres fois aussi, l'acheteur se rend dans les chambrées, en voit l'état par lui-même, et traite en conséquence avec le propriétaire. Le vendeur, à moins de stipulation contraire, est tenu de rendre les cocons chez l'acheteur ; il les fait en conséquence déramer chez lui. Cette opération se fait par un temps sec, et s'il survient de la pluie, on suspend le travail.

Les cocons sont portés en paquet dans de gros draps, chez l'acheteur, qui les pèse ou fait peser par l'officier public. On prend dans le transport les précautions convenables, pour qu'ils ne soient froissés par aucune pression. On les livre d'ailleurs le plus tôt qu'il est possible, parce que le cocon gardé perd de son poids.

Le propriétaire de cocons qui fait en même temps filer chez lui, les dérame comme celui qui les vend, en temps convenable. En faisant cette opération, on sépare des bons, les cocons doubles, les imparfaits, les gâtés ou avariés pour quelque cause que ce soit; et avant de livrer les premiers à la filature, on les étend encore sur une table, pour les repasser et trier presque un à un.

Il est essentiel de ne déramer les cocons ni trop tôt, ni trop tard. Trop tôt, il pourrait se trouver des vers qui n'auraient pas fini de filer, et qui viendraient au dévidage avec le bout de soie, et feraient casser le brin. Trop tard, la chrysalide pourrait s'être développée et avoir bavé sur son cocon, qui alors n'est plus bon à filer, et est rejeté avec les filoselles de seconde ou troisième qualité. Dans les deux cas, il en résulte une perte pour le propriétaire ou pour l'acheteur, et celui-ci a droit de réclamer des indemnités auprès du vendeur.

Le prix des cocons se compose et de

celui de la soie en fabrique, et de celui de leur valeur propre et intrinsèque déterminée d'après leurs produits. Ainsi, dans la contrée où 10 kilogrammes environ de cocons donnent un kilogramme de soie, leur prix devra être plus élevé que dans celle où le même résultat ne peut être obtenu que de l'emploi de 14 kilogrammes et plus. Cette différence en met une de 30 à 50 centimes entre les prix du kilogr. de cocons dans les deux pays. Année commune, le kilogramme de cocons se vend de 3 à 4 francs.

Les rapports entre la soie produite et les cocons employés, sont à peu près dans les proportions suivantes:

Douze kilogrammes de cocons choisis et de bonne qualité donnent un kilog. d'organsin, à quatre ou cinq cocons, c'est-à-dire de fil formé de quatre à cinq brins. Si les cocons sont d'une qualité inférieure, le même produit en demandera 14 kilogrammes.

Pour un kilogramme de belle soie, croisée à neuf ou 10 cocons, il faut 11 kilogrammes de cocons de première qualité et 13 de la seconde.

Pour faire un kilogramme de soie, qualité de trame filée au carrelet, on emploie, sans choix, de 9 à 11 kilogr. de cocons, selon leur qualité.

Le kilogramme de cocons en contient 370 environ dans les excellentes qualités, 420 dans les médiocres, et de 470 jusqu'à 550 de mauvaises espèces ou mauvaise réussite (54).

Choix des cocons pour graine.

Ceux qui veulent faire de la graine de ver à soie, soit pour vente, soit pour éducation au printemps suivant, mettent à part à cet effet une certaine quantité de cocons, quand ils sont contens de leur *réussite*. D'après ce qui a été dit plus haut, à l'article de *l'espèce des cocons*, le choix tombe d'ordinaire sur ceux de l'espèce d'une grosseur moyenne. On trie les mieux faits et les plus fournis en soie : on tient à ce qu'ils soient bien piqués, c'est-à-dire d'un grain serré et bien fin, et ni trop pâles ni trop foncés en couleur. On a encore égard dans ce choix aux cocons qui ont été filés les premiers, parce qu'ils supposent des vers plus vigoureux. D'autres, et surtout ceux qui font de la graine pour vendre, s'arrêtent aux plus gros, parce que leurs papillons font une ponte plus abondante : c'est une petite combinaison mercantile qui est contraire au perfectionnement des espèces et aux intérêts de l'acheteur.

On ne conserve point non plus pour *graine* les cocons doubles : car bien que ces sortes de cocons soient réellement produits par simple accident, comme on l'a pu voir à l'article *de la montée aux bruyères*, on est porté à croire que les vers qui s'accouplent ainsi dans leur travail, pourraient former espèce, et c'est ce qu'on veut éviter en n'en conservant point de *graine*. Quelques-uns cependant en gardent par cette raison même, soit parce qu'ils croient qu'ils donnent une soie plus forte, soit par simple curiosité.

Enfin, on écarte aussi des cocons de graine ceux qui sont faibles en soie ou satinés, en un mot, tout cocon imparfait, de quelque manière que ce soit (55).

On a dit plus haut ce qui concerne les cocons blancs et le choix de cette espèce pour graine.

5 hectogrammes pesant de cocons donnent à peu près 4 décag. de graine.

On ne croit pas, et avec juste raison,

dans les Cévennes, qu'on puisse reconnaître, par la forme des cocons, le sexe des papillons qui doivent en sortir. Cependant plusieurs naturalistes pensent que les papillons mâles viennent d'une chrysalide plus oblongue et pointue, et les femelles d'une plus renflée, et que par conséquent ces deux formes peuvent servir, jusqu'à un certain point, de guide dans le choix des cocons pour *graine*. Selon cette opinion, on regarde comme devant donner les mâles les cocons serrés, longs, pointus, et d'une soie plus fine; et l'on attend des femelles des cocons plus ronds et plus ventrus, et dont la soie, moins fine, est d'ailleurs plus égale. Mais c'est un vieux préjugé qui se trouve copié, ainsi que beaucoup d'autres, par la plupart des auteurs.

Naissance ou sortie des papillons.

Les cocons que l'on a prélevés pour *graine* sont aussitôt *déblaisés* ou dépouillés de la *bourette* qui les entoure. On en forme de longs chapelets d'un mètre environ, en les enfilant avec une aiguille que l'on passe de manière à ne prendre que la surface du cocon. Ces chapelets sont jetés sur une ou plusieurs cordes tendues dans un local aéré, ni trop chaud ni trop froid, et à l'abri de la réverbération du soleil. Sur ces mêmes cordes et au milieu de quelques chapelets de cocons, on jette des morceaux d'étoffe noire, de serge ou d'étamine usée et râpée. Ce sont là tous les apprêts qu'exige cette dernière période de la vie du ver à soie.

L'état d'engourdissement dans lequel nous l'avons laissé après la formation de son cocon, dure environ vingt jours. Sa vie, pour être en quelque sorte concentrée et cachée, n'en est pas moins active et utile au grand but de la nature, et il s'opère en lui un cinquième travail, par lequel il ne reste plus du ver que la peau écailleuse et brunâtre qui l'enveloppait dans son état de fève ou chrysalide. Mais de dessous cette peau, va bientôt sortir un nouvel animal muni d'ailes, et surtout d'organes générateurs, en un mot un papillon destiné, avant de mourir, à propager son espèce, à laisser des continuateurs de ses riches travaux.

Lorsque le nouvel animal est formé, il cherche à sortir de sa tombe, ou plutôt de son berceau : pour cela, il répand dans sa coque un fluide surabondant dont il se trouve pourvu, et qui la mouille, l'assouplit, l'amollit au point qu'elle cède bientôt à ses efforts. C'est ainsi que le papillon du ver à soie rompt les barrières qui le séparaient du jour, déchire et détruit le merveilleux ouvrage entrepris avec tant d'ardeur, achevé avec tant d'adresse quelques jours auparavant.

Le papillon, au sortir du cocon, est tout mouillé. Il ne vole point, mais il s'attache fortement avec ses pattes aux objets environnans, et il grimpe d'abord sur les cocons. Le mâle est plus petit que les femelles, qui sont grosses et ventrues, mais il a les mouvemens plus vifs, et il agite ses ailes avec beaucoup de rapidité : ils sont l'un et l'autre d'un blanc terne.

A mesure que les papillons viennent, on les pose sur une grande table dressée exprès, et couverte de gros papier gris : l'instinct porte rapidement les mâles et les femelles les uns vers les autres; et lorsque tous les cocons sont vides, s'il se trouve plus de mâles que de femelles, cet excédant est détruit; s'il y a au contraire plus de femelles que de mâles, on donne aux dernières sorties, pour les féconder, les mâles qui ont fini leur premier accouplement.

Les papillons sortent ordinairement dans la matinée, et on les met à s'accoupler de neuf à dix heures. A quatre ou cinq heures d'après-midi, on sépare ceux dont l'accouplement n'a point cessé spontanément. Cette opération dure plusieurs jours (56). On place la femelle sur des morceaux d'étoffe noire suspendus après les cordes; elle y dépose ses œufs, et une certaine viscosité dont ils sont enduits les y fait adhérer (57). Ces œufs sont à peu près de la grosseur de la graine de rave. Jaunes-pâles au sortir de la ponte, au bout de quelques jours ils se foncent en couleur, et passent du gris à un violet noirâtre. Les œufs inféconds restent jaunes, et sont un peu déprimés à leur surface (58).

Chaque femelle pond de 3 à 400 œufs l'un portant l'autre. Ils sont assez rapprochés, si elle pond dans l'obscurité, et épars, au contraire, lorsqu'elle pond au grand jour. La première ponte, préférée du marchand, donne la graine dite *grumelée* ; l'autre s'appelle *égrenée*.

En sortant du cocon, le papillon se vide d'un liquide roussâtre et épais, et qui laisse une tache sur l'étoffe ou le papier sur lequel il tombe : mais il ne prend cependant, sous cette dernière forme, aucune espèce de nourriture. Après l'accouplement et la ponte tous meurent en trois, quatre ou cinq jours tout au plus.

Telles sont les diverses périodes de leur vie, qui, dans un cours d'environ deux mois, a offert quatre maladies régulières et deux métamorphoses.

Les cocons abandonnés par les papillons, et dont le tissu n'est que séparé, sans que, pour cela, les fils en soient rompus, sont employés à faire un fil que l'on appelle *filoselle de graine*. Il en sera parlé à l'article *de la filature*.

Conservation de la graine.

La ponte a lieu, selon les climats et les températures, de juin en juillet et août. L'époque, comme on le sent, en est subordonnée à celle de la naissance des vers, et celle-ci au cours des saisons et de la végétation.

La conservation de la graine demande quelques soins et précautions:

car si à l'issue de la ponte on la laissait exposée à la chaleur de la saison, elle éclôrait spontanément avant la fin de l'été, et ce qui n'éclôrait pas, courrait risque d'être altéré de manière à ne point donner de vers au printemps (59).

On ramasse donc les morceaux d'étoffe sur lesquels les femelles ont déposé leurs oeufs; on les met dans des linges ou serviettes qu'on noue par les quatre coins, et l'on suspend ces paquets au plancher d'une chambre propre à les conserver. Ce local ne doit être ni chaud ni humide : chaud, il ferait ou éclore, ou avancer la graine; humide, il l'altérerait et détruirait le germe de la fécondité. S'il survient de grosses chaleurs après la ponte, il est essentiel de descendre la graine à la cave ou dans des endroits abrités du soleil, frais sans être humides, et où cependant il y ait des ouvertures pour renouveler l'air.

Si de même l'hiver était rigoureux, on devrait momentanément descendre encore la graine à la cave, au cas que le local où elle serait déposée ne fût pas suffisamment à l'abri du froid, attendu que l'impression d'un froid vif peut en détruire ou du moins altérer le germe (60).

Toute graine qui a souffert par quelqu'une de ces causes, ou n'éclôt point au printemps, ou donne des vers faibles, et dont la plus grande partie ne pourra franchir les quatre périodes de leur mue.

Dans les Cévennes ce n'est qu'après l'hiver qu'on détache la graine de l'étoffe où elle a été reçue : dans plusieurs contrées cette opération se fait quelques jours après la ponte. Dans les Cévennes donc, au mois de mars, par un beau temps, et, autant qu'on le peut, *aux environs de la pleine lune*, on tire les étoffes chargées de graine, de leurs enveloppes, et avec une pièce de six liards qu'on passe sur l'étoffe, on en détache tous les œufs, que l'on reçoit sur un linge. Alors on les divise en petits paquets enveloppés dans des morceaux de linge, comme on l'a dit à l'article *de la couvaison*. D'autres les déposent dans des carafes de verre, et les renferment momentanément dans quelque armoire éloignée du feu ou de la chaleur du soleil, jusqu'au moment de les en tirer pour les faire éclore (61).

L'abbé de Sauvages dit qu'ayant enfermé de la graine dans une petite bouteille de verre *bien bouchée*, quinze jours seulement avant l'instant de faire couver, il n'en sortit pas un ver. C'est une preuve qu'il ne faut point clore les vases où l'on dépose la graine ; qu'en général elle ne doit jamais être ni trop entassée, ni étouffée ou privée d'air.

La graine dont on fait spéculation et qu'on vend, se transporte facilement moyennant quelques précautions. Par exemple, il ne faut point, pour les raisons ci-dessus, la faire voyager dans les chaleurs, ni dans les grands froids.

On la range par paquets dans un panier entre des lits de paille non foulée, et de manière qu'un paquet ne touche point l'autre ; on recouvre le panier d'une toile d'emballage claire. Ces paniers peuvent se transporter dans les caisses ou coffres des diligences, et dans toute autre voiture où ils ne soient pas trop agités. On ne doit point les exposer à de trop longs voyages.

On transporte encore la graine de ver à soie d'une manière ingénieuse, dans un roseau percé d'un bout à l'autre, et dont on ferme chaque extrémité par un morceau de linge. Cependant si le roseau est d'une certaine longueur, la graine qui occupe le milieu n'a point d'air, et court risque de s'échauffer pendant un voyage un peu long. On pourrait peut-être remédier à cet inconvénient en coupant le roseau en bouts assez courts, ou en le perçant dans son diamètre de trous plus petits que la graine. Dans tous les cas, cette espèce d'étui doit être assez rempli pour que la graine ne s'y *batte* point, ce qui ne pourrait que l'altérer (62).

Etouffage des cocons.

Le propriétaire des cocons en a fait deux parts, comme on l'a vu plus haut; l'une destinée à donner des papillons et de la graine, l'autre réservée au travail de la filature.

On procède à *l'étouffage* de ces cocons immédiatement après qu'ils ont été *déramés* des bruyères pour faire mourir la chrysalide et prévenir sa sortie en papillon, puisque les cocons où s'est opérée cette métamorphose ne peuvent plus servir qu'à faire de la filoselle (63).

Les deux procédés communément employés pour étouffer les chrysalides sont de passer les cocons au four, ou de les soumettre à l'action de la vapeur de l'eau bouillante. Le procédé de l'étouffage au four est plus simple, et partant plus commode pour beaucoup de gens, mais il est plus hasardeux. Le moyen de la vapeur est tout aussi simple dans son exécution, et infiniment plus sûr dans ses résultats; mais il demande quelque mise de fonds pour la construction et premier établissement des fourneaux et appareils.

Commençons par exposer la pratique de l'étouffage au four. On a des paniers plats ou *mannes*, longs d'un mètre et 2 décimètres environ, larges d'un peu plus que la moitié de cette longueur, et ayant environ 3 décimètres de bord. On garnit ces mannes de gros papier, et quand elles sont pleines de cocons, on les recouvre de même. Le but de cette précaution est d'arrêter la première et trop vive impression de la chaleur, afin que la soie ne soit pas brûlée.

On porte ces paniers dans le four une heure et demie environ après que le pain en a été retiré. La routine et l'expérience indiquent d'ailleurs à ceux qui suivent cette méthode, le moment où le four est au degré convenable (64). Lorsque la chaleur a pénétré les cocons, la chrysalide se débat, s'agite; on entend un bruit semblable à un *crépitement* redoublé. Quand ce bruit cesse, on juge que les chrysalides sont mortes, et on retire les paniers. Leur séjour au four, pour compléter l'opération et en atteindre le résultat, est d'environ une heure et demie. Dès qu'ils sont sortis, on les recouvre de quelque étoffe ou couverture, pour y conserver encore quelque temps la chaleur; et on les laisse ainsi l'espace d'une heure, afin que les chrysalides qui se trouvent au centre soient plus sûrement étouffées; car il pourrait se faire qu'elles n'eussent éprouvé l'action du feu qu'autant qu'il est nécessaire pour hâter leur développement, et non assez pour les faire périr.

Au bout d'une heure, on découvre les paniers, et l'on répand les cocons sur le plancher. Ceux du centre sont plus ou moins humides. Il ne faut point les toucher, jusqu'à ce qu'ils soient secs. Tel est le procédé de l'étouffage au four.

La méthode de l'étouffage à la vapeur consiste à exposer les cocons à la vapeur de l'eau bouillante. Elle exige un appareil et des instrumens qu'il est convenable de décrire ici.

L'appareil consiste en un fourneau de briques chauffant un chaudron de teinturier, et en un cadre de bois adapté à demeure au-dessus du chaudron, et qui reçoit un tiroir à fond grillé pour contenir les cocons.

Le fourneau se construit d'après les dimensions du cadre. Voici celles qu'on lui donne ordinairement. On appelle *cadre* une sorte de boîte ou coffre de bois sans fond, et ouvert aussi sur l'un de ses côtés, long d'un mètre et 2 décimètres (3 pieds et demi), large de 8 décimètres (2 pieds et demi), et haut des bords ou côtés environ de 2 décim. et 2 centimètres (8 pouces). L'un des grands côtés de cette espèce de boîte, au lieu d'être formé d'une planche pleine, ne l'est que par deux traverses assemblées de chaque bout sur les côtés adjacens ; l'entre-deux de ces traverses est l'ouverture à faire entrer le tiroir.

La hauteur de ces côtés étant de 2 bons décimètres (8 pouces), on ne donnera à chaque traverse que 4 centimètres environ (1 pouce et demi) de hauteur, afin qu'il reste, pour la place et la dimension du tiroir, un décim. et 4 centimètres (5 pouces) de hauteur. Le fond de ce tiroir, qui doit être bien juste à son cadre, est formé d'un grillage assez serré pour ne pas laisser échapper les cocons. Sa devanture ou planche de devant doit être aussi large que le côté du cadre auquel elle correspond, afin qu'elle puisse recouvrir de haut et de bas les deux traverses qui reçoivent le tiroir, et fermer exactement le cadre.

Sur ces grandeurs données, on construit le fourneau en briques sur le terrein. Ses dimensions en longueur et largeur dépassent d'environ 17 ou 18 cent. (5 pouces) celles du cadre. L'espace vide dans l'intérieur est d'environ 8 à 9 décimètres sur 3.

On dirige l'ouverture de la cheminée du côté opposé à celui où doit être la bouche du feu et l'ouverture du cadre. A 3 décimètres de terre, ou du bas du fourneau, on pose une grille de fer, ou de fonte qui dure plus longtemps ; au-dessus de la grille, on continue d'élever le mur, en laissant, pour placer le charbon ou autre combustible sur la grille, une ouverture d'environ 3 décimètres en tout sens, ou un peu plus haute que large. À partir du haut de cette même ouverture, les murs du fourneau vont un peu en s'élargissant; on les monte de manière qu'ils puissent contenir un chaudron à 3 grands décimètres au-dessus du niveau de la grille. Ce chaudron doit être d'une capacité à contenir de dix à douze seaux d'eau.

Les murs à un décimètre environ du haut du chaudron, s'en rapprochent et l'embrassent étroitement ; et dès qu'ils dépassent les bords, on les élève encore de 3 décimètres en élargissant, et suivant la forme du cadre, afin de l'y adapter et sceller à demeure à cette hauteur. Des bords du chaudron jusqu'à la place du cadre, l'intérieur des murs est revêtu d'un bon ciment de brique pilée et de chaux, afin que si l'eau en ébullition s'élève au-dessus des bords du vase, elle ne s'infiltre pas entre les briques. Le cadre étant mis en place, on l'entoure encore de maçonnerie, excepté du côté ouvert pour recevoir le tiroir, afin que la vapeur y soit parfaitement contenue et concentrée.

C'est par le tiroir un peu ouvert, et au moyen d'une tuile demi-ronde, qu'on verse l'eau dans le chaudron; c'est par la même ouverture, et en ôtant tout à fait le tiroir, qu'on le vide avec une espèce de cuiller à pot. Il serait plus commode et très-facile d'adapter au fond de la chaudière un tuyau qui sortirait hors du mur du fourneau, et fermerait en dehors par un robinet. Le chaudron se viderait ainsi tout seul et sans embarras : mais la routine n'a point encore adopté partout ce très-simple perfectionnement.

On change d'ailleurs cette eau assez souvent, parce que, dès qu'elle perd de sa limpidité, elle peut altérer le lustre naturel de la soie.

Pour se servir de cet appareil, on remplit le chandron d'eau, on allume le fourneau, et dès que l'eau se met en ébullition, on remplit un tiroir de cocons, et on le fait entrer dans son cadre. Le premier tiroir reste exposé dix minutes à la vapeur, et au bout de ce temps, les chrysalides sont étouffées. Pour le service du même cadre, on a au moins deux tiroirs, dont l'un est rempli de cocons, pendant que l'autre est en place, et ils se succèdent ainsi dans le cadre sans interruption. Quand une fois tout l'appareil est échauffé, les cocons ne restent plus que sept minutes à la vapeur. Ceux qui sortent du cadre sont versés de suite sur des clayons pour sécher; on ne les touche point tant qu'ils sont humides. Par cette méthode, deux personnes en un jour en font étouffer et sécher deux mille. Ce procédé est infaillible et bien préférable à la pratique de l'étouffage au four, où l'on risque ou de brûler la soie, ou de faire éclore des papillons par trop ou trop peu de feu.

On trouve l'indication d'un autre procédé dans Valmont de Bomare, qui dit que M. Arnault du Bouisson, prêtre de l'Oratoire, présenta ce nouveau moyen aux Etats de Languedoc, et qu'il en fut approuvé, d'après le résultat des expériences qu'on en fit en 1777.

Ce procédé consiste à soumettre les cocons à l'action des vapeurs du camphre résineux, en les étendant sur des claies dans une chambre bien fermée où l'on brûle le camphre. Les parties volatilisées de cette substance pénètrent les cocons, et y font périr la chrysalide, sans altérer aucunement le précieux tissu qui l'enveloppe. Un kilogramme de camphre suffit pour agir sur 20 quintaux métriques de cocons. La chrysalide est desséchée en trente-six heures, et elle devient noirâtre.

Ce procédé paraît simple, mais il est vrai de dire qu'il n'a point pénétré dans les Cévennes, et qu'on ne l'y connaît pas.

De la garde des cocons étouffés.

Le cocon, jusqu'au moment de le filer, doit être tenu dans un local sec et propre, afin que le ver ne le pique pas. S'il s'en trouve de tachés, on les retire et met à part.

Du reste, on étale les cocons ou sur des clayons qu'on range aux râteliers ou sur des planchers étagés au milieu d'un appartement, ainsi qu'on a fait pour le placement des vers. (*V.* au chapitre *de l'atelier*.) Ces planchers doivent être étagés à 8 décimètres au moins (de 25 à 26 pouces) les uns au-dessus des autres. Les personnes qui ont assez de local, se contentent d'étaler les cocons sur le plancher de la pièce dont elles peuvent disposer pour cela, et en forment une couche d'environ 3 décimètres d'épaisseur (9 à 10 pouces) au plus.

Il faut remuer les cocons deux fois par semaine, pour que les vers ne s'y attachent point ; ceux qui sont étalés sur les clayons et planchers étagés, en sont descendus et visités.

On ouvre les fenêtres du local où ils sont déposés, le jour et même la nuit, s'il n'y a point de changement de temps à craindre ; mais on les ferme pendant la forte chaleur. En temps de pluie, tout travail aux cocons cesse.

Préparation et choix des cocons pour la filature.

Avant de livrer les cocons étouffés à la filature, il faut qu'ils soient revus en détail et *déblaisés*, c'est-à-dire dépouillés des fils légers et, pour ainsi dire, mousseux, qui les recouvrent, et triés pour séparer les bons d'avec les mauvais. Ces premiers fils qu'on enlève de dessus le corps du cocon, sont ceux que le ver jette çà et là, et tend en divers sens quand il commence à filer, pour lui servir de soutiens et de points d'appui. C'est ce qu'on appelle la *blaise* dans plusieurs contrées, et dans d'autres *l'araignée*. La plupart de ceux qui n'ont vu le cocon que tel qu'il sort des mains de la nature, et ne l'ont point suivi dans celles de l'ouvrier, s'imaginent assez communément que cette partie du cocon est comme l'étoupe de la soie ou la bourre, et qu'on en fait la filoselle.

On verra plus bas, quand il sera question de l'emploi des débris de la soie, que c'est une erreur.

Au demeurant, cette *blaise* permet de manier plus facilement le cocon quand on le met à l'étouffage, en ce que les fils de cette espèce de réseau se mêlent et s'attachent l'un avec l'autre, et que, par cet *emmêlement*, on ne saurait prendre une poignée de dix ou douze cocons, que dix ou douze autres ne pendent après; ce qui fait que, dans cette première opération, le maniement des cocons va beaucoup plus vite : mais une fois *déblaisés*, on n'en peut plus enlever à la fois que ce que la main en contient.

On fait faire le déblaisement, ou par des femmes, ou par des enfans intelligens, et le *départ* des cocons de diverses qualités s'opère en même temps.

Les cocons à séparer de la masse, sont les *blancs*, les *doubles*, les *satinés*, les *faibles*, et ceux qui sont altérés, soit par la mort de la chrysalide dans le cocon avant l'étouffage, soit par quelque autre accident que ce soit.

On sépare et file en particulier les cocons blancs, parce que, comme on l'a déjà dit plus haut, la soie ou le brin en est d'environ un sixième plus faible que le brin du cocon roux ; ensuite, si on les mêlait avec ces derniers, il en résulterait une soie plus terne, tandis que celle des cocons blancs, filés seuls et à part, est du plus beau blanc, prend avec avantage les couleurs fines et claires, et a, pour cette raison, plus de valeur en fabrique.

Les cocons *doubles* sont ceux qui se sont formés du travail confondu et réuni de deux vers placés l'un contre l'autre. Ces cocons ayant double matière, ont plus de corps que les autres; on est obligé de les filer à part, et la soie qu'on en retire s'appelle *doubion*.

Le cocon *satiné* est un cocon plus mal fait que les autres, peut-être par quelque vice d'organisation dans l'animal qui l'a filé. Son tissu a l'air d'une étoffe grossière et molletonneuse, tandis que celui des bons cocons a la finesse du drap. Cette soie file très-mal; et voilà pourquoi on met aussi cette espèce à l'écart, pour la soumettre à une filature particulière, et en faire une soie de basse qualité, avec d'autres mauvais cocons (65).

Les *faibles*, que l'on appelle aussi *peaux*, sont ceux où la matière a manqué au ver à soie. Ils pèchent donc moins par la qualité que par la quantité, et au lieu de donner environ 1,000 mètres de fil, ils n'en fourniraient guères que la moitié ; par conséquent ils seraient à la filature plutôt au bout de leur fil que les autres, ce qui interromprait le travail, comme on le verra plus bas. Cette sorte de cocons, aisée à reconnaître, ne doit pas même être mise en vente ; cependant il est difficile qu'il n'en échappe pas quelques-uns. On les écarte donc au *déblaisage*, et on les réserve pour les filer à part comme les précédens.

Les derniers cocons, qu'il faut soigneusement garder pour la filature des basses qualités, sont les cocons altérés, principalement ceux dans lesquels la chrysalide est morte avant l'étouffage, ou, comme disent les gens du métier, *fondue et dissoute*.

Cette dernière maladie du ver paraît l'attaquer après qu'il s'est épuisé à filer, et lors du travail que subit sa nature pour passer à l'état de *chrysalide*, ou même lorsqu'il est parvenu à cet état : voilà pourquoi il est toujours convenable de ne pas retarder l'opération de *l'étouffage*. Au reste, l'effet de cette maladie est de résoudre la substance de l'animal en un fluide épais et bourbeux, qui salit l'eau du bassin où trempent les cocons à dévider, et ternit la couleur de la soie. On met donc une grande attention à ne point laisser passer ces cocons avec les bons. On les file à part, et la soie qu'ils donnent ne peut servir que pour *noir*.

Le principe de cette maladie paraît le même que celui de la *grasserie* (*V.* au chap. *des maladies des vers.*), et elle est plus fréquente dans les locaux où les cocons n'ont pas l'air qui leur convient.

Second triage.

Après le premier *départ* des cocons, qui se fait, comme on vient de le voir, avec l'opération même du *déblaisement*, on étale encore sur une table tout ce qui a été laissé comme bonne qualité, et on repasse tous ces cocons pour ainsi dire un à un, pour faire une seconde séparation de tout ce qui ne peut pas se filer avec la soie de première qualité.

C'est alors qu'on choisit les cocons les plus fournis et les mieux faits, pour en filer les soies fines, de quatre à cinq cocons.

Une filature de *vingt tours*, c'est-à-dire un atelier qui se compose de vingt *roues à filer*, ne doit pas en employer plus de dix à faire de cette soie fine. Le reste des roues file les qualités inférieures, les basses soies, les débris, etc. On sent que s'il en était autrement, et qu'on ne séparât pas ainsi les cocons fins et beaux des autres, on n'aurait, par leur mélange, que toutes soies médiocres.

Il faut encore remarquer à cette occasion que, quelle que soit l'apparence des cocons, ils ne filent pas toujours aussi bien, et que le succès de la filature, après tous les choix faits, dépend encore de certaines circonstances. Par exemple, le cocon qui aura été fait pendant un temps humide et pluvieux, filera toujours mal, parce qu'à mesure que le ver formait son brin, ce brin n'a pas suffisamment séché; il en est résulté une adhérence entre tous les fils, qui se trouvent collés les uns contre les autres. L'eau du bassin dans lequel on les jette pour les filer, ne suffit pas à détruire cette adhérence; les fils cassent alors plus souvent, et il se trouve par-là un plus grand nombre de cocons dans le bassin, après qu'on a fini chaque *battue*. (C'est ainsi qu'on appelle la quantité de cocons que l'on met à la fois dans un vase plein d'eau chaude, pour en détacher les fils, ainsi qu'on le verra plus bas.)

Les cocons formés par un temps sec et favorable ne sont point sujets à cet inconvénient.

La grandeur du local où les vers ont travaillé, combinée avec l'état de la température, influe aussi sur le plus ou moins de facilité qu'aura le cocon à filer. Si, en effet, les vers montent à la bruyère dans un local vaste et par une température peu élevée, ce refroidissement empêchera le ver de donner autant de matière gommeuse, et son cocon ne sera pas assez fourni par les pointes. De là il résulte que, quand ce cocon commence à s'avancer dans son dévidage, les pointes, plutôt dégarnies que le corps, sont aussi plutôt mises à jour; il s'y forme un trou; le cocon reçoit l'eau, coule à fond, et son brin casse. Cette sorte de cocons ne peut donc se filer assez loin, et il en faudra 13 hectogrammes pour faire un hectogramme de soie, tandis qu'on n'en aurait employé que 11, s'il eût pu donner tout son fil.

Cet inconvénient est tellement propre aux grands ateliers, lorsqu'il se trouve que le ver y file par un temps frais, que même l'usage du feu ne peut, à moins de beaucoup de combustible et de dispositions particulières, y rétablir la température à un degré convenable : mais aussi, lorsque la saison est propice, les cocons faits dans ces locaux spacieux et aérés, fournissent une soie de bonne qualité et qui file parfaitement.

Au reste, il est impossible de connaître, avant l'essai, les cocons qui fileront bien ou mal; ce qui se distingue bien, ce sont les cocons *faibles, dissous, satinés*, et autres, visiblement défectueux, et que, pour cela, l'on sépare du reste, ainsi que l'on vient de le dire à l'article précédent.

Ceux qui entreprennent et dirigent des filatures, filent à part toutes les *chambrées* qu'ils ont achetées, c'est-à-dire toutes les quantités de cocons provenant d'un même particulier. Ce qui vient d'être dit doit en faire entendre la raison; et l'on conçoit que chaque *chambrée*, filée à part, doit filer plus uniformément que si l'on y en réunissait d'autres, qui pourraient offrir des différences, sous ce rapport, d'après le temps et les lieux où elles auraient été formées. Mais après la première filature, tous les fils qui en proviennent sont réunis et assortis pour donner des soies uniformes et égales.

Filature des cocons.

Il faut considérer, dans la filature des cocons, les machines et appareils que l'on y emploie, et les diverses manières de traiter, selon leurs qualités, les cocons et débris soumis à la filature. Commençons par la description de l'atelier.

Un atelier de filature est un local disposé de manière à recevoir des fourneaux, pour échauffer des bassins ou chaudières, et des *tours*, ou espèce de *rouets* à dévider les cocons. Ces *tours* sont de véritables *dévidoirs*. Il y en a à quatre et à huit côtés ou *cornes*. On les appelle, d'après leur forme, dans le pays, *roues à quatre cornes* et *roues à huit cornes*. La *roue à quatre cornes* est la première et la plus ancienne. On s'en est contenté long-temps; mais ses inconvéniens sont si sensibles, qu'on commence à l'abandonner. En effet, elle est bien plus pesante à tourner, en ce que le mouvement lui donne moins de volée. Le fil s'envidant carrément sur ce dévidoir, ne peut que passer brusquement et par ressauts, d'une des traverses sur une autre; de là, les brins de soie sont exposés à casser souvent. Elle dévide moins vîte, attendu que le fil décrit un carré en se développant, et que le *périmètre*, ou *pourtour* de ce carré, est sensiblement plus court que si le fil, passant sur les huit côtés d'une roue de même hauteur, formait une figure à huit pans, plus rapprochée de la figure du cercle, et par conséquent enveloppant en un tour un bien plus long fil que ne peut le faire la roue à quatre pans. Enfin, pour dernier inconvénient, la soie tend si fort sur les quatre cornes de ce dévidoir, que, pour lâcher le bras qui est mobile, lorsqu'on veut décharger la roue de la soie envidée dessus, il faut desserrer le coin qui le retient avec force coups de maillet; ce qui fatigue la machine, et finit par la briser avant qu'elle ait fait un très-long service.

Si, pour rendre ce mécanisme d'un service plus facile, on se contentait de monter le côté mobile avec des vis, la même pression, exercée par l'extrême tension de la soie, fatiguerait ces vis, les forcerait, et les casserait aussi, lorsque la machine serait chargée d'un écheveau de soie un peu considérable.

Mais en voilà assez sur cette roue à quatre cornes, qu'on ne verra sans doute bientôt plus dans aucune filature de soie; passons à la description de celle qui doit la remplacer, dite *roue à huit cornes*, et dont le service est plus facile et plus avantageux, quoique la principale différence entre l'une et l'autre ne consiste guères que dans l'addition de quatre nouveaux bras entre les quatre de la première roue. Mais ces huit bras, avec leurs traverses ou cornes, rapprochant le périmètre de la machine de la forme du cercle, la font tourner plus rondement et d'un mouvement plus rapide, et en même temps plus égal. De là, dans le même jour et sans employer plus de forces, on file à cette roue un hectogramme et 5 à 6 décagr. (environ 5 onces) de plus de soie moyenne qu'avec la roue à quatre cornes ; de là aussi, le fil du cocon est tiré et envidé plus uniment, et par conséquent moins exposé à casser ; enfin, la soie restant moins dans l'eau, a plus d'éclat et de transparence.

On construit la roue à huit cornes sur un *arbre* ou *axe* taillé en forme de *prisme octogone*, ou à huit pans. Cet axe, pris dans toute sa longueur, a environ 5 ou 6 décimètres (de 18 à 19 pouces) ; son diamètre est d'environ 1 décimètre et 2 centimètres (4 pouces et demi).

Chaque bout de l'axe est arrondi au tour, et sur la longueur d'environ 12 centimètres (de 4 à 5 pouces). A l'extrémité de cet axe, opposée à celle qui doit recevoir la manivelle, on creuse une gorge, comme à une poulie, d'environ 5 millimètres (2 lignes) de profondeur et de 6 millimètres (3 lignes) de large. Cette gorge, destinée à recevoir une corde sans fin, dont on verra plus bas l'usage, est formée à 3 centimètres 3 millimètres (15 lignes) du bout de l'axe.

Sur les huit faces de l'axe et vers chaque bout, sont implantés huit bras ou montans. Quatre seulement traversent l'axe d'outre en outre et à côté l'un de l'autre ; les quatre autres s'arrêtent sur le croisement des quatre premiers. Ces montans ont 6 centim. de large et environ la moitié d'épaisseur (3 pouces sur 1 et demi). Ils ont de *rayon* ou de hauteur, à partir de l'axe, 4 décimètres (16 pouces) ; ce qui leur donne le double de diamètre, et suppose un périmètre ou circonférence de 2 mètres et 3 décimètres (environ 7 pieds). Ainsi, chaque tour de roue enveloppe cette même longueur de fil.

Huit traverses posées selon la longueur de l'axe, s'ajustent au haut de ces montans : autrement chacune des huit traverses est fixée à l'extrémité des deux montans qui s'élèvent de la même face de l'axe. Ce sont ces traverses que l'on appelle les *cornes de la roue*. Elles ont 4 décimètres environ (15 pouces) de longueur, leur forme est à peu près celle d'un prisme triangulaire, mais dont le sommet, ou arête supérieure, est arrondi. La base ou le côté par lequel elles sont assemblées sur les montans, a 3 centimètres environ (1 pouce 3 lignes) de large. La *hauteur* ou épaisseur de cette corne est d'environ 5 centimètres (2 pouces et demi). L'arête supérieure ou, pour être plus intelligible au plus grand nombre de lecteurs, le dessus de la corne formant *dos d'âne*, au lieu d'être terminé en angle *aigu* ou coupant, est un peu arrondi, et présente un centimètre passé (de 5 à 6 lignes) de surface. C'est sur cette petite face polie et arrondie que s'applique le fil quand la roue tourne. Les traverses ou cornes doivent dépasser, de chaque bout également, les deux montans sur lesquels chacune est assemblée.

L'on a considéré jusqu'à présent ces montans comme immobiles et fixés à demeure sur leur axe. Mais il est aisé de sentir que s'il en était ainsi, lorsque les cornes sont chargées de soie, on ne pourrait plus ôter cette soie de dessus la roue. Il est donc nécessaire de faire que quelque partie de la machine puisse se détacher, pour donner du lâche aux fils et les enlever de dessus le tour. Pour cela, deux des bras ou montans, soutenant la même traverse ou corne, et placés par conséquent sur la même face de l'axe, sont coupés de manière à pouvoir se rajuster solidement, au moyen de vis, comme s'ils étaient toujours d'une seule pièce. Pour cela, chaque montant est scié sur son milieu dans une longueur d'environ un décimètre (3 pouces); mais pour que chaque partie coupée puisse s'enter et se rattacher sur sa place, on sent que la coupe n'a pas dû être faite carrément, mais, comme on l'a dit, longitudinalement, et de manière à décrire dans son obliquité une sorte de courbe ou forme de Z.

Pour rejoindre et assurer les deux parties de chaque montant, on emploie un boulon à vis reçu dans un trou qui traverse les deux coupes; et afin de mieux les contenir l'une sur l'autre, deux plaques de fer qu'enfile aussi le boulon, et un peu plus longues que la coupe, recouvrent les deux parties détachées. Un écrou à queue serre le boulon, lorsque tout est en place, et par son moyen, force les lames de fer à s'appliquer avec force contre les côtés coupés, ce qui donne à leur *ajustement* une très-grande solidité. La queue de l'écrou sert à le tourner et détourner à la main, et sans le secours d'aucun autre instrument. Quand la roue est chargée de soie en dévissant cet appareil, celle des cornes qu'il soutenait se détache, la tension de la soie est diminuée de toute la hauteur de l'angle que cette corne formait entre ses deux voisines, et les écheveaux ont alors assez de jeu pour pouvoir sortir de dessus le dévidoir.

Il est nécessaire de remarquer que les cocons doubles ne pourraient se dévider sur une roue à huit cornes, parce que le brin de ces cocons, plus tendu par le poids du cocon et des deux chrysalides, serre davantage sur la machine, et que la détente d'une seule corne ne donnerait pas assez de lâche à l'écheveau. Mais on peut faire deux cornes mobiles aux roues destinées à cette espèce de soie; on peut donner aussi aux cornes tombantes de 2 à 3 millimètres (environ une ligne) de plus de hauteur qu'aux autres. Ces deux moyens suffiront de reste pour détendre les soies des cocons doubles, et remédier au léger inconvénient qui ne doit pas balancer tous les autres avantages que l'on retire du service des roues à huit cornes.

Chaque affût ou tour doit être garni de deux roues, attendu que quand l'une est chargée, il faut laisser quelque temps la soie dessus pour sécher. Pendant ce temps, la seconde roue entre en jeu, et le travail de la fileuse n'éprouve point d'interruption. Ce travail peut donner six ou huit écheveaux de soie par jour et par chaque fileuse.

Voilà donc la roue à *huit cornes* achevée, sauf toutefois l'ajustement d'une manivelle à l'une de ses extrémités, et à l'autre d'une broche de fer d'un décimètre et 2 centimètres environ (4 pouces), qui doit être reçue dans une entaille pratiquée à l'un des montans de l'*affût* de la roue.

Il reste à présent à la monter sur cet affût.

Affût ou *monture de la roue à dévider.*

On appelle *affût* l'assemblage des différentes pièces, dont les unes servent à supporter la roue, et les autres, telles que les aiguilles et un mouvement de *va et vient*, à guider les brins de soie. L'ensemble de la machine a la forme d'une cage oblongue composée, comme on doit le comprendre, de quatre *pieds-montans* et de huit *traverses*, dont quatre longues et quatre plus petites.

Les quatre traverses formant les longs côtés, ont un mètre et environ 6 décimètres (5 pieds) de longueur et un décimètre 2 ou 3 centim. (de 4 à 5 pouces) d'équarrissage. Les montans ou pieds du devant, c'est-à-dire du bout de la machine qui doit être tourné vers le bassin aux cocons, sont deux pièces proportionnées à la grosseur des précédentes, avec lesquelles elles sont assemblées, hautes de 8 décimètres environ (2 pieds et demi), et fixées à 6 décimètres (20 pouces) l'une de l'autre, au moyen de deux petites traverses de cette mesure ; ce qui donne cette même largeur à l'intérieur de l'affût, ou à l'espace vide entre les longues traverses. La cage s'achève par l'assemblage de ces quatre longues traverses dans les pieds-montans de derrière, qui devant supporter la roue, sont presque du double plus élevés que les pieds de devant ; ils ont en effet un mètre (3 pieds) de hauteur. Deux petites traverses de la même mesure que celles de devant, unissent aussi ces deux pieds, mais avec la différence que la traverse supérieure qui, sur le devant, unit les deux pieds droits par le haut, doit être placée très-bas sur le derrière de la machine, et de manière qu'elle soit au-dessous du passage de la roue.

Par cette disposition, on conçoit que la moitié de la roue est engagée et tourne entre les longues traverses de l'affût, et que son autre moitié reste en dehors de ce même affût. L'extrémité supérieure des montans ou pieds de derrière est entaillée d'un décimètre (3 pouces) de profondeur, sur 2 centimètres (9 lig. au plus) de large, pour recevoir la cheville de fer et la partie de la manivelle sur lesquelles doit tourner le dévidoir. Il est bon d'observer ici qu'il est essentiel que ce mouvement de rotation soit bien égal et uniforme; pour cela, malgré tout le soin qu'on aura pris pour planter au milieu de l'axe, d'un côté la manivelle, de l'autre la cheville ou broche, il sera encore prudent que le tourneur, dès que la machine sera sur place, la fasse mettre en mouvement et arrondisse avec le ciseau, dans la dernière perfection, les deux extrémités de l'axe.

Sur le côté droit de l'affût et au milieu de la longue traverse supérieure qui forme ce côté, est élevé perpendiculairement un pivot de bois tourné en forme d'entonnoir, d'environ 3 décimètres de hauteur (entre 9 à 10 pouces), et dont la surface a un décimètre et 2 ou 3 centimètres (4 pouces) de diamètre. Du centre de cette surface, s'élève une broche haute de 5 centimètres (1 pouce et demi) et de 3 centimètres (1 pouce) de diamètre. Cette pièce s'appelle le *porte-roulette*. On place en effet sur le pivot vertical qui la termine, une roulette ou poulie plate de 2 décimètres environ (6 pouces) de diamètre, et de 5 centimètres (1 pouce et demi) d'épaisseur, percée à son milieu d'un trou adapté à la grosseur du pivot sur lequel elle tourne horizontalement, au moyen d'une corde qui l'embrasse et va passer sur l'extrémité correspondante de l'axe de la roue.

Cette même poulie, à son tour, met en jeu le *va et vient*, appelé aussi *l'épée* dans beaucoup de filatures, et qui n'est autre chose qu'une espèce de règle ou planchette de bois longue de 8 décim. environ (de 24 à 26 pouces), épaisse de 15 millimètres (environ 6 lignes), et large d'un peu plus du double (1 pouce et demi) dans sa plus grande largeur.

Ce *va et vient*, percé à l'une de ses extrémités, reçoit dans ce trou la pointe verticale d'une pièce de fer coudée, solidement attachée sur le plat de la roulette, et qui même en déborde la circonférence de 4 centimètres (environ un pouce et demi). Là, cette branche forme le coude, et se relève en pointe grosse comme une plume à écrire. Cette pointe, engagée dans le trou de l'*épée* ou *va et vient*, l'entraîne dans la révolution que fait la roulette, et fait aller et revenir ce morceau de bois de gauche à droite et de droite à gauche. C'est à peu près par le même mécanisme qu'on voit la tige qui part du marchepied du gagne-petit monter et descendre par le mouvement de la manivelle de sa grande roue.

Pour servir de second point d'appui au *va et vient*, on élève sur l'autre côté de l'affût, vis-à-vis le porte-roulette, une planche de hauteur et de largeur suffisantes, pour que son extrémité supérieure, refendue à 11 centimètres de profondeur sur 8 de largeur (4 pouces sur 3), reçoive dans cette entaille l'autre extrémité du *va et vient*, et lui permette de jouer horizontalement et de niveau entre les deux branches de cette entaille, qui lui servent de conducteur.

Sur la planchette, ou *va et vient*, sont implantées, à 18 centimètres environ l'une de l'autre (6 pouces), deux aiguilles de fer de la grosseur d'une médiocre plume à écrire, et longues de 2 décimètres (de 7 à 8 pouces). Ces deux aiguilles servent à guider la soie sur le dévidoir; aussi les appelle-t-on *guides*. On forme le trou ou la boucle, où le fil de soie est reçu, en contournant en spirale l'extrémité supérieure de ces aiguilles qui vont en s'amincissant. Il suffit de donner à cette spirale un tour et demi. Par-là, on peut, s'il est besoin, dégager les fils de ces spires, sans les rompre; ce qui ne pourrait se faire si les guides étaient terminées par un trou ordinaire, comme celui des aiguilles à coudre.

Sur le devant de *l'affût* (et nous entendons par-là l'extrémité qui doit approcher du bassin aux cocons), il faut encore placer deux lames de fer, longues de 3 à 4 décimètres (de 10 à 12 pouces), larges de 2 centimètres (environ 9 lignes), et implantées à 2 décimètres (environ 7 pouces) l'une de l'autre. Ces lames sont percées d'un petit trou, à 6 millimètres (de 2 à 3 lignes) de leur extrémité supérieure. C'est par ce trou que passent les fils tirés des cocons. En outre, ces lames ne sont point verticales ou perpendiculaires; mais elles s'inclinent en dehors de l'affût, de manière que leur tête avance au-dessus du bassin d'environ 1 décimètre (3 pouces), en restant toutefois élevée du triple (environ

9 pouces) au-dessus du niveau de l'eau du bassin (66).

Si les bords du fourneau ou de la table qui supporte le bassin en écartait trop la tête de l'affût, il serait aisé de remédier à cet inconvénient, en ajoutant à cette tête une planche, ou l'équivalent, pour supporter les lames de fer, et les faire avancer jusqu'au bassin.

Telle est la forme de la machine sur laquelle on dévide les cocons. Pour en venir à cette opération, une ouvrière, qu'on appelle *fileuse*, réunit un certain nombre de brins de soie, et en forme un fil qu'elle passe dans le trou d'une des lames placées à l'extrémité de l'affût. Autant de brins passés dans le trou de l'autre lame, forment le second fil. Ces deux fils, croisés et comme tressés plusieurs fois l'un sur l'autre, sont reçus par une seconde ouvrière, nommée *la tourneuse*, qui les engage aux aiguilles du *va et vient*, et de là les conduit jusqu'à une des cornes de la roue, où ils sont attachés et où ils forment deux écheveaux distincts et séparés. L'objet et le service du *va et vient* est d'étendre également et régulièrement le fil de soie. Si, par l'effet de quelque dérangement dans la machine, tous les tours de fil ne se tendaient pas également sur les cornes, et qu'ils revinssent trop souvent s'appliquer les uns sur les autres, la gomme de ces fils, encore amollie par l'eau du bassin, les collerait ensemble, et il en résulterait, dans la formation des écheveaux, un vice qu'on appelle *vitrage* ou *marelage*. Ce marelage rend la soie difficile à dévider, et y occasionne même du déchet, par les cassures ou écorchures qui s'opèrent dans les fils, lorsqu'on veut les séparer les uns des autres.

Un affût produit le marelage lorsque le mouvement du *va et vient* n'est pas régulier et uniforme, et cette uniformité se perd, soit lorsque le pivot ou le trou de la roulette sont inégalement usés, soit lorsque la partie de l'axe de la roue qui conduit la corde de la roulette n'est pas parfaitement ronde; en un mot, le dévidage se fait mal toutes les fois qu'il n'y a pas une certaine et constante proportion entre le mouvement de la roulette et celui de l'axe du dévidoir, toutes les fois que les changemens de temps font travailler les bois de la machine, et que la corde du mouvement est trop lâche ou trop serrée.

Si ces vices, dans ces pièces, sont très-considérables, il faut y faire remédier par la main de l'ouvrier; mais lorsque les défauts dans le mouvement tiennent à peu de chose, l'on a trouvé un moyen de les corriger par un contre-poids attaché à une poulie à chape, sous laquelle passe la corde sans fin, qui va de la roulette à l'axe du dévidoir; cette corde alors ne peut se relâcher, que le contre-poids ne fasse baisser la poulie, qui n'est point immobile; et ce mouvement maintient la corde dans un degré de tension juste et toujours égal (67).

Des fourneaux à échauffer l'eau dans les filatures.

On a déjà vu que les cocons, au moment où on les dévide, sont dans un bassin, ou espèce de chaudron, plein d'eau; cette eau doit être chaude, et en conséquence des fourneaux sont disposés pour la porter au degré convenable. Il faut, d'après cette méthode, un fourneau pour chaque bassin. Mais aujourd'hui les filatures commencent à adopter l'usage d'une machine à vapeur, qui, par le service d'un seul foyer, échauffe tout autant de bassins qu'on le désire. Cette machine, qui coûte davantage à établir, mais dont, par la suite, le service est bien plus économique, doit finir par faire tomber l'usage des fourneaux. Il suffira donc d'indiquer ici sommairement le premier procédé, afin de faire connaître avec plus de détail la machine à vapeur.

La construction des fourneaux à recevoir les bassins est, au fond, la même que celle du fourneau à étouffer les cocons, décrit plus haut. (*Voyez* page 154.)

Voici les différences les plus essentielles :

D'abord, on accole autant que cela

se peut deux fourneaux l'un à l'autre, afin de ne construire qu'une cheminée commune pour les deux. Ces fourneaux s'élèvent sur le centre d'un espace pavé, qui les déborde en tout sens.

Lorsqu'on y a placé la grille, dont les barreaux doivent être écartés d'environ 2 centimètres (8 lignes), pour laisser passer le moins de charbon qu'il est possible, on élève encore les murs latéraux du fourneau de 2 décimètres à peu près (entre 7 à 8 pouces); et là on prend ses mesures pour placer et fixer le bassin. Ce vase, de cuivre étamé en dedans, a 5 décimètres (environ 18 pouces) de diamètre, et de 11 à 13 centimètres (4 à 5 pouces) de profondeur. Il ne doit pas être placé dans un niveau parfait; il penchera du côté où doit se tenir la fileuse, de 6 à 7 millimètres (3 lignes); du reste, il est maçonné et scellé tout autour, sur le fourneau, avec un bon ciment de briques et de chaux. La bouche de la cheminée, dans le fourneau, s'ouvre entre la grille et le fond du bassin. On monte cette cheminée au moins à 2 mètres d'élévation, afin que la fumée ne nuise point à la soie ni n'incommode les fileuses.

D'ailleurs, le local d'une filature doit être bien aéré et bien éclairé, afin que la soie dévidée y sèche à fond; autrement elle se collerait et donnerait de la peine au second dévidage. La lumière est nécessaire aux ouvriers, surtout pour les momens du soir et du matin, parce qu'on ne peut filer la soie à la clarté des flambeaux. Ces ateliers ont aussi besoin d'eau.

Chaque *tour*, ou *roue tournante*, en fait consommer par jour de vingt à trente seaux. L'eau de rivière est préférable à l'eau de source ou de puits.

Quelque combustible dont on se serve, soit bois, soit charbon de bois ou de terre, les fourneaux peuvent toujours être disposés de la même manière. Dans quelques ateliers cependant, où l'on n'emploie que le charbon de bois, on voit des fourneaux sans grilles et sans cheminée.

Les fourneaux à charbon de terre en consomment par jour de 30 à 40 kilogrammes, selon la bonté du fourneau et la qualité du charbon. Le feu de bois en demande aussi, par jour, environ 150 kilogrammes pesant.

On a dit plus haut que les bassins de cuivre devaient être toujours étamés. S'ils ne l'étaient pas, l'eau qui y chaufferait communiquerait à la soie du cocon une couleur obscure, un terne qui empêcherait cette soie de prendre parfaitement le blanc et les couleurs fines et claires.

De la filature à l'aide de la nouvelle machine à vapeur.

Ce qui précède est ce qu'il y a de plus essentiel à dire sur l'établissement des anciens ateliers de filature : mais les procédés par la machine à vapeur paraissent si supérieurs, qu'il est convenable de les faire connaître ici avec quelque détail.

C'est à M. Gensoul, fabricant de Lyon, que nous devons l'invention de cette machine, dont l'effet est d'échauffer l'eau des bassins où se filent les cocons, par la force de la vapeur d'une seule cuve ou chaudière, de produire par-là une grande économie de combustible, et surtout de donner une filature plus avantageuse, tant parce que la soie vient plus nette et plus belle des cocons, auxquels il est aisé de communiquer le degré de chaleur qui leur est convenable, que parce qu'aussi ces mêmes cocons, ainsi échauffés, se dévident mieux et plus longuement, et donnent par conséquent plus de soie.

Ce plus long développement des dernières couches des fils qui entourent la chrysalide, est assez sensible pour qu'il entre dans les 5 hectogrammes de soie filée à la vapeur, 2 décagrammes de cocons de moins que dans la filature aux fourneaux. Il y a donc moins de déchet par l'emploi plus complet de la matière première; et ce résultat, qui finit par être important dans une grande filature, est dû tout entier à la précision du service de la machine à vapeur, avec laquelle on peut régler à volonté, et bien plus sûrement qu'avec un feu de fourneau, le degré de chaleur qui convient aux diverses qualités de cocons. On peut se rappeler, en effet, d'après ce qui a déjà été dit concernant l'influence de l'air, de la chaleur et des localités sur les cocons, lors de leur formation, que ceux que fournissent les divers particuliers d'un même canton ne peuvent presque pas avoir le même degré de bonté; et même cette différence entre eux est souvent assez grande pour qu'il suffise de donner à telles chambrées, de 60 à 70 degrés de chaleur dans l'eau du bassin, et que, pour d'autres, on soit forcé d'élever cette température de 70 à 75. Ainsi, 60 et 75 degrés sont, pour l'eau où trempent les cocons, les limites entre lesquelles il faut savoir tenir cette eau, selon le plus ou le moins de facilité qu'on trouve à filer ces mêmes cocons;

or, ces variations se règlent, comme on va le voir bientôt, avec la plus grande justesse, au moyen de la machine à vapeur.

Cette machine se peut établir pour les plus petites comme pour les plus grandes filatures. Cependant, plus la filature est considérable, plus les économies et autres avantages attachés à l'emploi de cette machine sont sensibles. Au reste, les plus grands établissemens de filature ne font pas travailler plus de cinquante *tours* ; il est même rare que l'on en voie de montées d'autant d'affûts. Une filature de vingt à trente tours est l'établissement en ce genre le plus ordinaire et d'un bon rapport. Celui qui ne ferait filer qu'avec douze ou quinze roues n'aurait que peu de bénéfices à en attendre ; et pourtant il lui serait encore plus avantageux de se servir d'une machine à vapeur proportionnée à son établissement, que de se borner à l'ancien procédé des fourneaux.

Mais malgré ces avantages essentiels et indubitables, l'usage de la machine à vapeur n'est pas encore aussi répandu qu'il devrait l'être : beaucoup de chefs d'atelier hésitent, doutent, et ont peine à s'arracher de l'ornière de l'habitude et de la routine.

C'est pour eux qu'on se plaît à insister ici sur le succès de l'introduction de ce nouveau procédé, dans le département du Gard, et notamment dans les fabriques de Saint-Jean-du-Gard, Ganges, Alais et Saint-Hippolyte.

A Ganges, surtout, pour la belle bonneterie, et à Alais, pour les belles étoffes de soie, les fabricans qui manipulent et préparent eux-mêmes leurs soies pour en obtenir des matières de première qualité, sont demeurés convaincus que la soie qu'ils ont fait filer à l'eau chauffée par la vapeur, a été plus nette et plus favorable aux couleurs, qu'elle a aussi fourni moins de déchet dans les bourres. Ainsi, supériorité dans la quantité et la qualité de la soie, économie notable du combustible, tels sont les résultats certains et vérifiés par l'expérience, qui doivent déterminer tout marchand fileur à donner au nouveau procédé toute sa confiance, et à le substituer à l'ancien.

Voici, pour en finir sur cet article, et avant de passer à la description de la machine, le rapport des prix du combustible, pour une filature de vingt-quatre tours, entre l'ancienne et la nouvelle méthode de chauffer l'eau. Dans la première, chaque bassin ou fourneau consume (quantité moyenne) 33 kilogrammes de charbon de terre par jour; ce qui donne pour les vingt-quatre bassins une consommation de 792 kilogrammes. Le prix commun de ce combustible est de 3 fr. 60 cent. les 100 kilogrammes, donc les 792 employés ici font une dépense, par jour, de 25 fr. 68 cent. Mais pour chauffer la nouvelle cuve à vapeur, dans ce même atelier de 24 tours, il suffit, par jour, de 180 à 200 kilogrammes de ce même charbon, dont le prix, en cavant au plus haut, est de 7 fr. 20 cent.

Rapport des deux dépenses..... { 25 f. 68 c.
                                  7 f. 20 c.

Différence et économie par jour. 18 f. 48 c.

Certes, une pareille économie, même sans parler du profit que donne le plus complet dévidage du cocon, n'est point, dans une grande fabrique, un objet à dédaigner pour le particulier, ni même pour le Gouvernement, qui a intérêt à ce qu'il ne se fasse point une consommation superflue des combustibles.

Description de la machine à vapeur, pour une filature de 24 tours.

Le corps de cette machine est une cuve de 16 à 17 décimètres (5 pieds) de hauteur sur autant de diamètre. Les douves dont elle est formée ont 6 centimètres environ d'épaisseur (2 pouces 6 lignes), et sont reliées avec six cercles de fer. Cette cuve est doublée en cuivre étamé. Le dessus est fermé par un couvercle qui clôt hermétiquement. Il y est pratiqué une porte pour qu'un homme puisse entrer dans la cuve et la nétoyer. Au bas est un robinet pour la vider. C'est aussi au fond de la cuve, et dans son intérieur, qu'est placé le fourneau formé d'une capsule ou boîte de cuivre de 3 millimètres environ (1 ligne ½) d'épaisseur. L'intérieur a de 5 à 6 décimètres (1 pied 9 pouces) de profondeur, de 4 à 5 décimètres (16 pouces) de largeur, et un peu plus de 5 décimètres (19 pouces) de hauteur. La grille de ce fourneau est élevée de 17 ou 18 centimètres (6 pouces) au-dessus du cendrier, et la bouche ou porte pour placer le charbon sur cette grille, a environ 25 centimètres (9 pouces 4 lignes) d'ouverture. Tout cet appareil est mobile; il entre dans le bas du cuvier par une ouverture proportionnée aux dimensions qui viennent d'être indiquées, et se fixe à l'extérieur, au moyen de vis, sur des bandes de fer qui bordent l'ouverture faite au cuvier pour recevoir ce fourneau. Au moyen de cette disposition on le démonte lorsqu'il est nécessaire.

A cette pièce s'adapte, pour servir de conducteur à la fumée ainsi qu'à la chaleur qui s'échappe du charbon, un tube de cuivre contourné en spirale. Ce tuyau a environ 17 à 18 centimètres (6 pouces) de diamètre. Il s'élève en serpentant dans l'intérieur du cuvier, et vient sortir par le milieu de son fond supérieur, qu'il traverse en passant verticalement au milieu d'un autre petit cuvier placé, comme il va être dit, au-dessus du grand. La partie de ce conducteur extérieure au grand cuvier, s'élève en hauteur verticale de 6 mètres environ (18 pieds).

Le petit cuvier dont il vient d'être parlé se place sur le fond supérieur du plus grand et au milieu; et comme il est d'ailleurs sans fond, c'est ce couvercle sur lequel il pose qui lui en sert. Ce petit cuvier n'est donc qu'une sorte de cylindre ouvert par les deux bouts, haut d'un mètre (3 pieds), sur un diamètre d'environ 7 décimètres (2 pieds 5 pouces). Il est comme emboîté et mastiqué dans une rainure circulaire pratiquée sur le fond du grand cuvier. Le tuyau conducteur de la vapeur qui monte au milieu de ce petit cuvier, est aussi scellé, comme on doit le sentir, à la sortie du grand cuvier, afin de fermer le passage à l'eau, qui sans cela filtrerait du petit dans le grand. Un tuyau de conduite porte de l'eau dans le cuvier supérieur. (Si l'on était obligé de l'entretenir avec des seaux, ce service serait trop pénible.)

De celui-ci elle passe dans le grand au moyen d'un petit tube de communication de 2 à 3 centimètres (1 pouce) de diamètre, qui du bas du petit cuvier entre dans le grand. Ce tuyau est armé, à sa sortie du petit cuvier, d'un robinet extérieur qui ouvre ou ferme la communication entre les deux récipiens.

Pour mettre la machine en état de servir, on laisse passer l'eau du cuvier supérieur dans l'inférieur, jusqu'à ce que celui-ci soit à peu près rempli; on ferme alors le robinet de communication, et on continue de laisser arriver l'eau dans le vase supérieur pour le tenir plein aussi ou à peu près.

Un appareil simple et ingénieux donne la mesure de l'eau dans la grande cuve; c'est un tube de verre élevé verticalement au haut de cette cuve, et à l'extérieur, à quelques décimètres du bord. Il y a communication du tube à la cuve, au moyen d'un second tube de métal qui en sort horizontalement, et qui reçoit et supporte le tube de verre dans son extrémité recourbée vers le haut; l'autre bout du tube est maintenu par une attache de fer fixée aux douves de la cuve. On comprend que l'eau qu'elle contient, ne peut monter vers le bord, ni s'en écarter, que la portion de fluide entrée dans le tube de verre, par les lois de l'équilibre, n'y descende ou n'y monte de la même quantité. Lorsque le fourneau est allumé, l'eau enfermée dans la grande cuve, y reçoit du tuyau de cuivre qui serpente au milieu du fluide, une chaleur très-considérable; la partie verticale de ce conducteur, qui passe, comme on l'a vu plus haut, par le centre du petit cuvier, donne encore à l'eau qu'il contient une chaleur de 50 degrés; et quand la vaporisation a diminué celle de la grande cuve, en lui restituant, au moyen du robinet de communication, de l'eau du récipient supérieur, portée déjà à 50 degrés, on est sûr de ne point faire baisser trop sensiblement le degré de chaleur de la machine. Un autre appareil sert à faire évacuer l'ébullition produite par cette chaleur; il consiste en un tube de cuivre de 5 à 6 centimètres (2 pouces) de diamètre, adapté au bord supérieur du grand cuvier, et plongeant en dedans; une branche de fil de fer, armée d'une rondelle ou bouton de fer-blanc, peu s'en faut du même diamètre que le tube, entre dedans, et lui sert comme de bouchon; la force de la vapeur, agissant sur la surface de la rondelle, la soulève, et la force à monter, en glissant le long de l'intérieur du tube, et l'eau en ébullition se répand au dehors. On connaît par-là que la vaporisation est trop forte ; et par un autre mécanisme, formant une soupape à bascule sur le haut du cuvier, on laisse échapper au dehors le superflu de la chaleur : cette soupape a de 5 à 6 centimètres (2 pouces) de diamètre.

Du conducteur de la vapeur aux bassins.

C'est à présent cette vapeur, produite dans la grande cuve, qui, conduite par des tuyaux dans l'eau des bassins, où nagent les cocons à dévider, va communiquer à cette eau la chaleur nécessaire à cette opération.

Pour cet effet, un tube conducteur s'étend horizontalement du haut de la cuve à laquelle il communique, jusqu'à une distance proportionnée au nombre des bassins. Ce tube, à la sortie de la cuve, a, dans une longueur de 1 mètre 3 décim. (environ 4 pieds), de 13 à 14 centimètres (5 pouces) de diamètre. A partir de ce point, où commencent à descendre du grand tuyau les plus petits conducteurs qui viennent plonger dans les bassins, le diamètre se réduit de moitié, et n'a plus que 7 centimètres environ (2 pouces et demi). C'est donc de cette partie du grand tube horizontal que sortent, comme des ramifications, à 2 mètres et 5 décimètres (7 pieds et demi) de distance l'un de l'autre, de plus petits tubes de 2 à 3 centimètres (1 pouce) de diamètre, lesquels, descendant verticalement vers les bassins rangés en deux lignes au-dessous du grand tube, se divisent en deux branches, à la distance d'environ 38 centimètres (15 pouces) de ces bassins, pour porter la vapeur à deux à la fois. Ces derniers conducteurs, à leur embranchement, ne conservent plus que 18 millimètres (8 lignes) de diamètre. Ils se dirigent à droite et à gauche dans chacun des deux bassins auxquels ils correspondent, et, à 13 ou 14 millimètres (6 lignes) du fond, ils s'y recourbent et reçoivent à cette ouverture, pour en écarter les corps étrangers qui pourraient l'obstruer, un dernier bout de tuyau, scellé à l'une de ses extrémités, long de 21 à 22 centimètres (environ 8 pouces), percé de deux rangs de petits trous dans une bonne partie de sa longueur, et s'adaptant, par son extrémité ouverte au bout du tube fixe, de la même manière que la baïonnette se place au bout du fusil. Deux fois par jour, lorsque l'on change l'eau des bassins, on retire de place ces espèces d'étuis pour les nétoyer, et tenir les petits trous dont ils sont percés ouverts au passage de la vapeur. A 18 ou 19 centimètres (7 pouces) au-dessus de chaque bassin, la branche du tube qui y correspond est garnie d'un robinet; et, par ce moyen, chaque fileuse ouvre ou arrête la communication de la vapeur, et règle la chaleur de son eau, selon la qualité et le besoin de ses cocons.

Les bassins sont rangés deux par deux, selon la longueur du grand conducteur. Ces vases peuvent être de grès, dans les filatures servies par la machine à vapeur (dans les filatures à fourneaux, ils devraient être de cuivre étamé.) Ils sont fixés sur une table de bois ou de pierre, de 7 décimètres environ (25 pouces) de haut. Ces tables sont creusées pour recevoir les bassins. Ceux-ci ont de 38 à 40 centimètres (15 ou 16 pouces) de diamètre, et de

15 à 16 centimètres (environ 6 pouces) de profondeur. Le fond de ces vases est percé d'un trou fermé avec un bouchon de liége, que l'on ôte quand on veut faire écouler l'eau et nétoyer le bassin (68).

Filature de la soie.

Les principaux instrumens de la filature viennent d'être décrits, et la fileuse peut se mettre à l'ouvrage : il ne reste plus, pour compléter son attirail, qu'à la munir d'un seau plein d'eau froide et d'un vase de bois, pour rafraîchir sa main quand elle l'a trempée dans le bassin pour en retirer les chrysalides ou les mauvais cocons, et pour tempérer l'eau de son bassin. Enfin, pour derniers outils, il lui faut un petit balai de bruyères très-fines, pour battre les cocons et ne des pas percer ou déchirer, et une espèce de raquette garnie d'un filet, pour les enlever de dessus le bassin, comme avec une écumoire, après qu'ils ont donné assez de fil.

Cette raquette peut se faire avec une baguette d'un bois souple, dont on plie l'extrémité en rond, en l'attachant après le long bout de la baguette qui devient le manche de l'instrument, et en garnissant ce rond ou cerceau d'un morceau de filet à mailles étroites.

Les bassins doivent être entretenus d'eau limpide; quand elle monte au degré de chaleur convenable, la fileuse couvre de cocons les deux tiers de la surface du bassin, et les fait plonger dans l'eau en appuyant dessus avec son balai. Les cocons surnagent toujours, mais cette manipulation sert à les mouiller sur toute leur surface. Alors la fileuse les bat de ce même balai, à petits coups de verges, pendant deux ou trois minutes, et, pendant cette *battue* (c'est le terme des filatures), les bouts de soie de chaque cocon s'en détachent et se prennent après les verges. La fileuse rassemble alors tous ces bouts dans sa main, elle les trempe dans l'eau froide, et exprime cette eau en pressant ces fils : l'espèce de cordon qu'ils forment alors s'appelle côte. Cette première soie est *bouchonneuse*, grosse et sans beaucoup de consistance : aussi lorsqu'on veut filer de belles qualités, on enlève et met à part cette côte qui se fait plus ou moins longue, depuis 1 mètre jusqu'à 1 mètre et demi, selon la nature des cocons et la qualité de la soie qu'on veut filer.

Cette même opération de l'enlèvement de la soie bouchonneuse sert à nétoyer les cocons : la fileuse, tenant la *côte* de la main gauche, épluche de la droite, et prépare tous les brins de soie à passer à la filature. Ce nétoyage achevé, elle réunit les brins de soie d'autant de cocons qu'elle se propose d'en filer ensemble; 5, 6 ou 8, ou plus, selon les qualités (c'est d'après ce nombre qu'on dit que la soie est filée à 5, 6 ou 8 cocons), et fait passer ces brins réunis par le trou de l'une des deux aiguilles qui de la tête de l'affût du dévidoir, s'avancent au-dessus du bassin; autant de brins sont ensuite conduits de même à l'autre aiguille : de là, ces deux commencemens de fil sont alongés pour pouvoir aller s'attacher à l'une des cornes de la roue. Mais auparavant ils reçoivent de la fileuse la *tordaison*, c'est-à-dire qu'au sortir des premières aiguilles, ces deux bouts sont *tressés* ou croisés vingt ou trente fois l'un sur l'autre : alors le bout qui passe par l'aiguille droite de la tête est conduit à l'aiguille gauche du *va et vient*, et *vice versâ* le bout qui sort de la première aiguille gauche, passe par la droite de ce même *va et vient*. De ces dernières aiguilles, les deux bouts se rendent directement, et sans autre croisement, à la roue où ils sont attachés, à la distance l'un de l'autre déterminée par celle qui sépare les deux aiguilles du *va et vient*; par conséquent ils s'envident sur la roue, en formant chacun un écheveau. Une seconde ouvrière, appelée *tourneuse* d'après son emploi, met la roue en mouvement : ces préparatifs n'emploient pas plus de trois ou quatre secondes. Les premiers fils se forment ainsi, en quelque sorte, d'eux-mêmes, au moyen de cette *tordaison* qui leur a été donnée, et qui, en les roulant et croisant l'un sur l'autre, communique du nerf à la soie, à proportion qu'elle a été plus ou moins tordue.

Tandis que la roue tourne, la fileuse veille à entretenir les fils au nombre de brins qui doivent les composer : ainsi, lorsqu'un cocon finit avant les autres, l'emploi de la fileuse est de jeter le brin d'un nouveau cocon parmi ceux qui montent à l'aiguille : ceux-ci l'emportent dans leur mouvement; il passe avec eux dans la tordaison, et le fil continue de se former uniforme et égal par l'emploi constant du même nombre de brins. D'ailleurs, si la fileuse laissait aller un bout à cinq ou six cocons seulement, tandis que l'autre en filerait huit, outre l'inégalité qui en résulterait, le fil, plus faible, serait bientôt cassé, les deux bouts n'en formeraient plus qu'un, et passeraient sur la roue sans *tordaison*. Il faut alors retirer cette partie non tordue : cette union de deux fils en un s'appelle *mariage*. La fileuse, lorsque cela arrive, est obligée de reprendre ses deux bouts, comme en commençant, de leur redonner la tordaison, pour les passer ensuite au *va et vient*, et les attacher à la roue, comme il a été dit tout à l'heure. C'est la tourneuse qui exécute ces dernières dispositions.

Quand un cocon se dévide jusqu'au bout, la fileuse se hâte de retirer la chrysalide du bassin. S'il s'en trouvait, et cela arrive quelquefois, qui tinssent encore après le bout de fil, il faudrait aussi les en détacher promptement; car ce corps, en montant en tout ou en partie avec les fils, les ferait casser, et il faudrait recommencer les mêmes apprêts que ci-dessus.

Quand il ne reste plus au bassin assez

de cocons pour alimenter les fils, la fileuse fait arrêter la roue, enlève ce qui reste de cocons avec sa raquette, nétoie son bassin des chrysalides qui peuvent y être restées, et jette dans l'eau une *nouvelle battue*. (On appelle ainsi la quantité de cocons que l'on met à la fois dans le bassin.)

On procède sur cette nouvelle battue comme sur la première; la soie *bouchonneuse* dont on forme des bouts qu'on appelle *côte* ou *frison*, est retirée, et lorsque les cocons ont été préparés convenablement, la roue est remise en mouvement. Pendant la battue, la tourneuse a soigné le feu du fourneau, donné de l'eau fraîche s'il en était besoin.

Il s'en emploie beaucoup dans les filatures où les bassins sont établis sur des fourneaux, parce que l'on n'y peut régler qu'à l'aide de l'eau les effets de la chaleur ; et comme celle des bassins ne doit être au plus qu'à 75 degrés, dès qu'elle s'annonce comme près de passer à l'ébullition, c'est l'eau fraîche qui la tempère et la ramène au degré convenable.

On peut remarquer ici combien cette température de l'eau se règle plus commodément et avec plus de précision dans les filatures à vapeur. Au reste, soit dans l'un, soit dans l'autre procédé, ce qu'il importe également, c'est de tenir l'eau du bassin nette et limpide, parce que sa pureté contribue infiniment à conserver le brillant de la soie.

La journée des ouvrières commence à quatre heures du matin, ou un peu plus tard, selon que la saison est plus ou moins avancée. A huit heures, le travail s'arrête pour le repos du déjeuner, et les bassins sont aussi alors vidés et nétoyés à fond. A neuf heures, l'ouvrage recommence jusqu'à une heure après midi, où les bassins sont encore changés d'eau : vient ensuite le dîner et un repos d'une heure. De deux heures à sept du soir, travail sans interruption : c'est la fin de la journée. Si la soie qui se trouve sur la roue est suffisamment sèche, elle est remise au propriétaire ; autrement l'on attend au lendemain pour la décharger : c'est là l'emploi de la fileuse. Les tourneuses, de leur côté, éteignent le feu. Ensuite elles disposent les fourneaux pour n'avoir plus qu'à les allumer le lendemain matin ; ce qui doit être fait environ une heure avant celle où la fileuse se met à l'ouvrage, afin que quand celle-ci arrive, elle trouve l'eau de son bassin au degré de chaleur nécessaire.

Les fileuses gagnent 1 fr. 50 cent. par jour, et les tourneuses la moitié.

Des diverses qualités de soie, et de l'emploi des cocons inférieurs.

On ne file, tordues et croisées, selon le procédé que l'on vient de décrire, que les belles qualités de soie, non pas que plusieurs soies inférieures ne pussent aussi recevoir ce même apprêt, mais il y aurait trop d'incommodité et de déchet, et il vaut mieux les filer au carrelet, ainsi qu'on le dira bientôt.

La belle qualité de soie ainsi filée au *tordu* s'appelle *tramette* croisée fine. On la file rarement *à trois cocons*, plus ordinairement *à quatre et à cinq*, mais toujours avec des cocons choisis et superfins.

Dans cette filature, on ne laisse point développer tout le cocon jusqu'à mettre à nu la chrysalide, et cela pour deux raisons : la première, c'est que, vers la fin des cocons, la soie devient plus faible, et qu'alors, ou la soie ne serait pas partout uniforme et égale, ou il faudrait que la fileuse eût l'attention d'ajouter dans cette partie un brin de plus; ce qui pourrait, d'un autre côté, rendre le fil trop fort, et entraînerait d'ailleurs un gaspillage et une perte de bonne soie. La seconde raison, c'est que le brin d'un cocon qui finit, outre qu'il est plus faible, a aussi des parties *bouchonneuses*, qui feraient casser le fil en passant à la tordaison, et nuiraient ainsi à l'*uni*, qui doit faire le mérite particulier de ce fil.

Ainsi donc, dans la filature de cette qualité, aussitôt que le cocon a donné les trois quarts et demi de sa soie, on le retire, et il est remplacé par le brin d'un autre cocon.

Ces restes de cocons sont mis à part, et employés, comme on le verra plus bas, avec des soies de basse qualité.

Lorsqu'on file à huit ou dix cocons ou brins, on laisse dévider chaque cocon plus long-temps que dans la première qualité ; et lorsqu'on jette un nouveau bout après les brins qui montent à l'aiguille, si tous les autres cocons sont très-avancés, on leur joint quelquefois deux brins, au lieu d'un, pour entretenir le fil le plus égal qu'il est possible. Dans les soies de douze et quatorze cocons, le dépouillement de la chrysalide s'opère tout entier : cependant, dans cette qualité, les cocons ne se développent pas tous également ; la soie non plus n'en est pas si belle ni si bien nétoyée à la *battue* ; enfin les cocons employés à cette filature ont rarement le brin d'une grande uniformité, et il y aurait quelquefois dans leur finesse relative la différence d'un sixième. Cela dépend souvent des soins qu'ont eus les vers, et de la température qu'ils ont éprouvée, surtout en faisant leur cocon.

En général, on remarque dans tout cocon quatre variations dans la finesse du brin. Les premiers fils qui servent comme d'enveloppe au cocon, sont les plus fins et ont peu de consistance. Le commencement du cocon est fait d'un fil plus nourri, et qui conserve sa grosseur, dans une longueur d'environ 100 mètres (300 pieds); alors le brin se raffine, mais en retenant la même force; enfin, la dernière partie du cocon, et qui en est environ la cinquième sous le rapport de l'étendue, est formée d'un brin moitié plus fin.

Les premiers brins doivent être moins forts, parce qu'ils résultent de la gomme qui commence à surabonder dans les organes du ver, et qui n'a pas eu le temps de s'y élaborer, et prend par conséquent moins de consistance. Cette première matière, mal préparée, doit être aussi plus mal filée.

Quand elle devient plus propre à filer, le ver en commence son cocon: mais ses réservoirs sont encore assez remplis pour que la gomme abonde aux filières, et que le fil en soit plus fort. Arrive un point où la matière est en plus juste proportion, soit pour la quantité, soit pour la qualité, et elle donne alors un brin moins gros, mais tout aussi fort que le précédent, jusqu'à ce que, parvenu à son quatrième période, le fil se ressente de l'épuisement progressif de l'insecte qui le tire de sa propre substance, et ne puisse plus se former que moitié plus faible et plus délié.

Un bon ver à soie file environ 1100 ou 1000 mètres (3,300 à 3,000 pieds) de fil. 900 mètres à peu près (2,700 pieds) sont bons à filer ; le reste, qui résulte de la *blaise*, des *côtes* ou *frisons*, et des restes de cocons non dévidés, est considéré comme débris, et filé d'une manière particulière.

Ce qui donne une belle soie à la filature, c'est d'abord et essentiellement le bon choix des cocons; ensuite les soins et l'intelligence de la fileuse. C'est à elle, en effet, à bien nétoyer ses brins avant de les passer aux aiguilles; à les entretenir à une grosseur régulière lorsqu'ils filent, en leur ajoutant à propos un brin, quand les cocons employés donnent des fils trop déliés pour le numéro qu'elle se propose de filer. C'est encore à elle à savoir donner à ses fils la *tordaison* convenable. Si elle ne les croise, en effet, l'un sur l'autre, que sept à huit fois, le fil qui en résultera sera mal uni, peu égal, donnera du déchet au dévidage, et fera des étoffes qui auront peu de corps et seront d'un mauvais usage. Si, au contraire, les fils reçoivent une vingtaine de tours de tordaison, à brin égal, ils en paraîtront plus forts, perdront moins au dévidage, et donneront à la fabrique des étoffes plus moelleuses et de plus de durée.

La conduite de l'eau du bassin influe aussi en quelque chose sur la beauté de la soie. Si le feu n'est pas assez vif (pour celles qui filent au fourneau), et que l'eau du bassin reste basse, faute d'avoir besoin d'y en ajouter de temps en temps de la fraîche, pour arrêter l'ébullition, cette eau, moins renouvelée, se salira plus vîte : la fileuse aura beau être prompte à enlever les chrysalides, à mesure qu'elles seront dépouillées de leur soie, elles ne laisseront pas de former un peu de dépôt dans l'eau, qui s'obscurcira et s'épaissira petit à petit, d'où la couleur de la soie perdra aussi de son lustre.

Cette même altération de la couleur des soies a aussi lieu pour celles qui sont filées à un degré de chaleur trop bas; elles ne prennent jamais un beau blanc ni les couleurs claires; il faut les employer pour les couleurs obscures et le noir. En outre, cette privation de la chaleur convenable leur ôte aussi de leur consistance, et elles donnent beaucoup de déchet au dévidage.

Il faut donc, pour le bon service des bassins, que le feu soit bien entretenu, et que, par-là, la fileuse soit obligée de temps en temps de rafraîchir son eau près d'entrer en ébullition. Elle conservera ainsi cette eau plus long-temps limpide; et, selon qu'il vient d'être dit, cette qualité contribue singulièrement à donner de la force ainsi que du lustre à la soie.

Filature des basses qualités.

Dans chaque atelier de filature, on consacre, selon le besoin, un ou plusieurs tours à filer au *carrelet* les basses qualités qui ne peuvent pas se filer au *croisé*. L'affût de ces tours diffère en quelque chose de celui des précédens; il est un peu plus long, et monté d'ordinaire d'une roue à quatre cornes: mais l'on a observé plus haut qu'une roue à huit cornes ferait tout aussi bien ce service, en rendant deux de ces cornes mobiles. Le changement le plus essentiel dans ces affûts est celui des pièces de leur tête. On adapte à celui-ci une planche qui porte deux, ou, si l'on veut, quatre bobines, que l'on appelle *rochets* dans le pays. S'il n'y en a que deux, ces espèces de cylindres sont placés longitudinalement et l'un au-dessus de l'autre. Si l'on veut dévider deux fils à la fois, on ajoute deux autres bobines placées à côté des premières, et ayant d'ailleurs, entre elles deux, la même position. Après que la fileuse a battu ses cocons comme à l'ordinaire, elle en rassemble le nombre de brins convenable, en forme un fil qu'elle passe par l'une des deux aiguilles implantées, dans cet affût, sur la planche même des bobines, et ayant la même forme que celle du *va et vient*; ensuite, elle embrasse de ce même fil les deux bobines à la fois, en le portant sur la première et le ramenant sous la seconde; de là, elle le passe entre les deux, en lui faisant faire le tour de la partie du brin qui se trouve déjà tendu de l'un à l'autre rochet. C'est là la seule croisure ou tordaison que reçoivent ces sortes de soies, et qui convienne à leur qualité. La tourneuse prend alors ce même bout pour l'enfiler par l'aiguille du *va et vient* et l'attacher à sa roue, qu'elle met ensuite en jeu. Si l'on veut former deux écheveaux à la fois, on dispose de la même manière un second fil composé d'autant de brins sur la seconde paire de cylindres, d'où ce fil passe par la seconde aiguille du *va et vient*, et de là est fixé après la roue, et à une distance convenable du premier bout.

Telle est la méthode de filer les basses soies au *carrelet*. On n'en retire presque pas de *côtes*, et point de *frisons*, et à moins que le dessus du cocon ne soit pas trop grossier et bouchonneux, tout y passe. Cette soie est peu unie, très-inégale, d'une couleur obscure, et donne beaucoup de déchet au dévidage.

On l'emploie beaucoup dans le noir, et pour des étoffes communes et de basse qualité. Elle est connue dans le commerce sous le nom de *chique à un bout*, pour la distinguer des basses qualités de la soie qui se file au *croisé*: car, quoique ces soies soient les plus belles, elles ont aussi leurs degrés inférieurs, comme quand il se trouve dans ces qualités des *cocons dissous* qui ternissent la couleur de la marchandise, et font qu'elle ne peut servir que pour noir. Les derniers degrés provenant de ces sortes de soies sont désignées par le nom de *chique croisée*.

Filature de qualité de trame.

Beaucoup de fileurs filent toute leur soie bonne ou mauvaise au *carrelet*, pour faire un fil qui passe dans le commerce sous le nom de *qualité de trame*.

Ce fil est peu tordu, et entre dans la fabrication des étoffes pour en faire le tramage et les basses qualités de bonneterie. Dans cet emploi des cocons, on en retire peu de *côtes* et point de *frisons*.

Pour faire 5 hectogrammes (une livre) de cette soie, on emploie 5 hectogrammes de cocons de moins, à brin égal, que quand on file au *croisé*. Il est vrai que le fil de trame donne plus de déchet au dévidage ; mais aussi, comme moins tordu, il se défait mieux de sa gomme au décreusage, et prend une plus belle couleur, soit au blanc, soit dans les couleurs claires et brillantes.

Filature des cocons doubles.

Les cocons doubles, qui sont, comme on l'a dit, ceux qui ont été formés du travail de deux vers réunis et s'enveloppant sous la même coque, se filent aussi au carrelet. On met une plus grande quantité de ces cocons au bassin, et on les y laisse bouillir cinq à six minutes, pour en assouplir davantage le corps, que la manière dont il a été fait a rendu plus ferme et plus compact. Ensuite, pour filer le reste plus commodément, on en retire de longues côtes d'une soie grosse et bouchonneuse. Chaque cocon donne deux brins qui se dévident à la fois.

Le fil qu'on retire de ces cocons sert

en grande partie à faire les soies à coudre; on la *mouline* pour la rendre propre à cet usage, et on l'appelle *soie doubion*.

Filature des cocons blancs.

Les cocons blancs se filent comme les autres, d'après leurs qualités, soit au *croisé*, soit au *carrelet*.

On a déjà observé que cette soie, étant plus fine, donnait, à nombre de brins égal, un fil plus délié, et qu'ainsi il faut employer, par exemple, six brins de cocons blancs pour avoir un fil égal à celui de cinq brins de cocons roux. D'ailleurs, cette soie prend toujours en teinture une couleur plus parfaite, soit dans le blanc, soit dans les diverses nuances de couleurs fines et claires.

Préparation des débris et matières diverses provenant des cocons et de leur filature.

La première matière à préparer est celle que l'on sépare du cocon, auquel elle sert, en quelque sorte, d'enveloppe; c'est le premier réseau de fils déliés que jette autour de lui le ver à soie, et que dans les pays où l'on élève cet insecte, on connaît sous le nom de *blaise*. On en a déjà assez parlé plus haut lorsqu'il a été question de préparer les cocons.

100 kilogrammes (200 livres) de ces derniers fournissent environ 8 hectogrammes (une livre et 9 à 10 onces) de cette blaise. Elle a dans le commerce une valeur de 1 fr. à 1 fr. 25 cent. le kilogramme (2 livres.)

La manière d'en tirer parti est de la

faire sécher, pour la battre ensuite sur des claies, afin d'en dégager toutes les ordures et corps étrangers. Quelques personnes en garnissent des courtepointes en guise de coton ; mais le coton vaut toujours mieux pour cet usage. Il est donc plus avantageux de la filer au *tournet* (c'est l'instrument avec lequel on file le coton). On traite la blaise de la même manière; c'est-à-dire qu'on la carde et on la file à la main. De ce fil on fabrique des étoffes de basse qualité, appelées *bourettes*. Elles ont environ 46 centimètres (17 pouces) de large; la chaîne en est de filoselle de basse qualité. Ces étoffes prennent une assez belle couleur; leur prix est de 1 fr. 50 cent. à 1 fr. 60 cent. le mètre.

Des côtes et frisons, et de la fantaisie qu'on en tire.

Les fils qui proviennent des *côtes* et *frisons*, s'appellent en fabrique *fantaisie*; les côtes et frisons se retirent du corps même du cocon, comme on l'a vu à l'article *de la filature*.

Ce sont les premiers fils proprement dits que forme le ver à soie, après avoir jeté autour de lui le réseau dont on vient de traiter sous le nom de *blaise*. Ces premiers fils du cocon sont forts de matière, grossiers et bouchonneux. On a dit plus haut qu'on les enlevait des belles filatures; chaque kilogramme (2 livres) de belle soie fournit environ 15 décagrammes (4 onces et 4 à 5 gros) de côtes. Le prix de cette matière est de 5 à 6 fr. le kilogramme. Avant de lui donner aucune manipulation, on en fait sortir la gomme, ce qui la blanchit, comme on le dira ci-après; ensuite on la carde. Les premiers fils sortis de cette opération sont les plus beaux, et font ce qu'on appelle la première qualité de fantaisie; on continue d'en tirer les seconds et troisièmes poils. Il reste une matière bouchonneuse, ou étoupes, à la quantité de 7 décagrammes environ (une once 6 à 7 gros), par kilogramme de côtes ou de frisons. Le tout est filé, comme la blaise, au *tournet*, dans les bourgs des environs de Nîmes et d'Alais; les étoupes s'appellent *cardettes*; on en tire un fil fort *bouchonneux*, mais qu'on emploie cependant pour trame dans des étoffes dont la chaîne est de filoselle de basse qualité; ce qui fait une sorte de *fantaisie* plus ou moins commune.

Du floret et de la bourette.

Le fil des dernières couches du co-

-con qui enveloppent la chrysalide est si délié et si faible, qu'en plusieurs cas on néglige, surtout pour avoir des fils de première qualité, de le développer jusqu'au bout. Cette dernière enveloppe n'est cependant pas perdue, et on l'enlève avec soin du bassin pour en tirer parti, ainsi qu'il suit : on fait bouillir ces restes de cocons pendant une heure environ, dans une quantité suffisante d'eau, en remuant souvent avec un bâton. Cette ébullition décolle et développe les derniers filamens du cocon. Ils s'étendent et se déplient dans l'eau; la chrysalide en sort et tombe au fond. L'opération finie, on donne cette eau, avec les chrysalides, aux jeunes cochons, qui s'en engraissent, et on lave et fait sécher la matière qu'on en a retirée.

Dans quelques cantons, pour ménager le combustible, on entasse pendant un jour ou deux tous ces restes de cocons dans le sable ou la terre; la chrysalide s'y détruit par décomposition. Mais ce procédé est nuisible à la soie, de sorte que l'économie faite sur le combustible est à peu près perdue par l'altération de la valeur de la matière. Ces restes de cocons peuvent être évalués, quant au poids, à 2 hectogrammes (6 onces 4 ou 5 gros), qu'on retire de chaque kilogramme de soie filée. Leur prix est de 1 fr. 60 cent. à 1 fr. 80 cent. le kilogramme. Pour les employer, on commence par les battre avec un bâton sur une planche; puis on les carde, et l'on en tire un poil, ou quelquefois deux : le reste est considéré comme *étoupes*. La partie fine tirée de la carde, s'appelle *floret*, et le reste *bourette*. On file le tout, comme les précédentes matières, au *tournet*. Ces fils sont employés à la fabrication d'étoffes plus ou moins communes, d'environ 46 centimètres (17 pouces) de large. Ces étoffes ne se font qu'en noir ou dans les couleurs foncées. Leur prix moyen est de 1 fr. 50 c. le mètre.

De la filoselle tirée des cocons bassinés.

Il se trouve aux bassins, des cocons qui ne filent que peu ou point, et que l'on retire. On les met sécher à part, et on les appelle cocons *bassinés*. Cette sorte de cocons rend plus ou moins, selon l'adresse de la fileuse à en tirer parti, et selon le plus ou moins de succès des chambrées, et le travail plus ou moins imparfait des vers. Proportion commune, on peut compter de trouver 5 hectogrammes (une livre) de cocons bassinés par chaque 100 kilogrammes de cocons mis à la filature. Leur prix est de 2 fr. à 2 fr.

50 cent. le kilogramme. Pour les employer, on commence par en faire sortir la gomme. Ceux qui n'ont donné que peu ou point de fils sont filés à la quenouille; les autres sont cardés et filés au tournet. Ces deux espèces de fils sont nommés dans le commerce *filoselle*. Elle est plus ou moins belle, selon que les cocons ont été traités avec plus ou moins de soin. Les étoupes tirées de la partie cardée sont aussi filées au tournet. Leur fil est appelé *bourette* ou *gros floret*; il est extrêmement bouchonneux: il s'emploie pour tramage des étoffes, dont la filoselle fait la chaîne. Ces étoffes sont à peu près dans les mêmes qualités que celles qu'on tire des matières décrites à l'article précédent.

De la filoselle tirée des cocons pointus.

Une qualité de filoselle plus belle que la précédente, est celle qui se retire des cocons percés ou pointus. Ce sont, comme on l'a dit plus haut, ceux qui, filés par des vers faibles ou par un temps frais, sont peu garnis de fils à la pointe ; de sorte qu'ils ne sont pas exactement fermés par le bout, et que si on les mettait au bassin, l'eau y pénétrerait et les précipiterait au fond. On les sépare donc des cocons bons à filer, et on les emploie à faire les qualités de soie filoselle. Il s'en rencontre plus ou moins dans une chambrée, selon que la température a été plus ou moins favorable au travail du ver. Proportion moyenne, on peut compter par chaque 100 kilogrammes de cocons, 4 hectogrammes de pointus (de 13 à 14 onces). Leur prix est d'environ 3 fr. 75 c. le kilogramme.

On prépare ces cocons pour la filature, en les dépouillant de leur gomme et les assouplissant dans l'eau simple, ou avec mélange de savon, quand on veut avoir la filoselle blanche; ce qu'on fait d'ordinaire quand c'est la même personne qui la fait filer et qui l'emploie en fabrique. Autrement les soies et filoselles destinées à être vendues aux fabricans, restent rousses. La raison de cet usage est que le fabricant, en les faisant blanchir lui-même, est certain qu'elles ne le seront point par les acides qui les brûlent, certitude qu'il ne pourrait avoir, s'il les achetait toutes blanchies.

Quand la soie du cocon pointu est étendue et développée par l'action de l'eau, on la laisse sécher pour la filer à la quenouille. On n'en tire point d'étoupes.

De la filoselle des cocons de graine ou de semence.

Les cocons que l'on a destinés à

donner des papillons pour faire de la *graine*, bien que, salis et percés par le papillon qui en sort, ne sont point totalement perdus pour cela ; on en tire, au contraire, la filoselle de première qualité. Ils se vendent à raison de 8 à 12 francs le kilogramme (deux livres). On sent qu'il en faut une plus grande quantité que des précédens, pour donner ce même poids, puisque la sortie du papillon rend chaque cocon de trois quarts environ plus léger.

Avant de les filer, il faut, comme aux précédens, commencer par leur ôter la gomme par l'action de l'eau avec ou sans savon, selon qu'on veut les employer soi-même, ou les livrer au commerce. (*Voyez* ce qui a été dit à l'article précédent.)

La préparation de ces cocons consiste à les pétrir par petites quantités dans un baquet de bois ou grand vase de terre. Pour cela on en prend de 2 à 3 hectogrammes (une demi-livre environ). On les arrose d'eau tiède, mais en petite quantité à la fois, et seulement pour les détremper. On les foule avec les pieds; et à mesure que, par ce foulage, ils s'imbibent et se pénètrent d'eau, on en ajoute de nouvelle. On continue cette espèce de pétrissage jusqu'à ce que les cocons soient bien amollis, et puissent se *développer* avec les doigts. On lave ensuite cette soie, on la sèche, et on la file à la quenouille. Cette qualité de filoselle ne donne point d'étoupes. Elle se vend de 25 à 30 francs le kilogramme lorsqu'elle est belle et bien soignée.

De la bourre de soie.

La bourre de soie n'est pas, à proprement parler, un objet de filature, mais elle en est un résultat et une sorte de débris. Cette matière d'ailleurs est un des articles avantageux de ce commerce, par les bas de bonne qualité que l'on en retire, lorsqu'elle n'est point mêlée de filoselle ou de fantaisie.

La bourre est le produit des déchets que donne la soie dans les différentes manipulations qu'elle subit pour être mise en état d'être fabriquée, telles que le dévidage, le doublage et le moulinage.

Dans ces différens travaux, soit qu'ils s'exécutent par des machines, ou se fassent à la main, et surtout au dévidage, il se retire de la bourre dans la proportion de deux à cinq pour cent, selon que la soie a été plus ou moins tordue à la filature, plus ou moins nétoyée de matières à rejeter, selon aussi que le cocon a été dévidé dans une eau mise à un degré de chaleur plus ou moins convenable.

Toutes ces causes influent sur la quantité de matières à rejeter au dévidage, et ces débris forment ce qu'on appelle *la bourre*. On la carde et on en retire par conséquent des étoupes dans la proportion de 9 décagrammes (3 onces) par kilogramme; on la file à la *quenouille*, et même au *rouet*, mais plus ordinairement de la première manière.

La filature à la quenouille est celle qui se fait au moyen d'un long fuseau avec les doigts. Le *rouet* diffère du *tournet* destiné à la filature du coton, en ce que la broche sur laquelle on monte le fuseau est percée à son extrémité à peu près comme une flûte à bec; que le fil passe par ce trou avant de s'enrouler sur le fuseau; qu'il reçoit par conséquent plus de *tordaison*, par l'effet du mouvement de rotation imprimé par le *rouet* à cette broche. Les fils de lin et de chanvre se filent, en général, au *rouet*.

Le prix de la bourre filée est de 14 à 18 francs le kilogramme.

Blanchiment des matières de soie.

Les fils formés par le ver à soie sont le produit d'une matière gommeuse à laquelle l'air donne une consistance telle, qu'elle devient parfaitement insoluble. Mais il y a sur ces fils un excès de gomme qui les enduit comme un vernis, et que l'action de l'eau ou du savon suffit pour fondre et enlever. Cette gomme soluble entre pour un quart dans le poids de la soie non-travaillée, et lui donne une certaine roideur; elle est le principe de l'adhérence, de la consistance et de la forme des cocons.

On a vu plus haut dans quels cas il fallait, dès les premières manipulations, dépouiller les cocons de cette gomme; dans les autres on ne donne cette préparation à la soie que lorsqu'il s'agit de la mettre en fabrication et en teinture.

Pour blanchir les soies, il suffit de faire bouillir dans une suffisante quantité d'eau environ 13 décagrammes (4 onces) de savon blanc pour 5 hectogrammes (1 livre) de soie, et d'y plonger les matières à blanchir pendant environ trois heures, pendant lesquelles on entretient l'ébullition.

Au sortir de là ces soies sont lavées dans une eau bien claire, et elles sont parfaitement décreusées et propres à recevoir toute teinture.

La soie des cocons blancs, quoique tenant cette même couleur de sa propre nature, est néanmoins soumise au même procédé. D'ailleurs elle conserve, d'après sa propre qualité, une blancheur plus éclatante, et se fait remarquer par cet avantage dans toutes les fabrications où elle est employée. On reconnaît, à cet égard, sa supériorité même dans les étoffes les plus brillantes par leur belle couleur.

Les acides chimiques employés pour blanchir ou nétoyer la soie l'altèrent et la brûlent; et l'on doit renoncer à ces procédés suspects.

Notice sur la fabrication des bas de soie.

Ce fut vers l'an 1735 que la fabrication des bas de soie s'introduisit dans les Cévennes. La ville de Ganges fut la première à cultiver cette industrie : de là vient le nom de *bas de Ganges* donné à ses produits. Les premiers bas sortis de ces fabriques étaient environ de 12 décagrammes (4 onces). On n'y employait que de la soie filée au carrelet. Cette soie est très-irrégulière. On y ajoutait autant de brins qu'il le fallait pour rendre les fils plus égaux. Ainsi, pour rendre l'ouvrage uni, on augmentait la quantité et le poids de la matière.

Les métiers n'étaient non plus alors que de 24 *fin* à 3 *aiguilles*.

La filature au *croisé* donna ensuite des soies mieux tordues, plus fines et plus régulières; et l'on put avoir des bas d'une aussi bonne qualité et plus légers par une plus sage économie de la matière.

Ce perfectionnement dans les fils en amena aussi, dans les métiers dont les instrumens furent portés à un degré de finesse correspondant à celui qu'on avait acquis l'art de donner à la soie.

On en construit avec lesquels on fait des bas de Ganges de 42 *fin*. On n'a pu pousser la finesse plus loin que ce numéro, et encore fait-on peu d'ouvrages de ce genre : la raison en est qu'au-delà de ce degré il n'y aurait plus assez d'intervalle entre les aiguilles, et que l'étain dans lequel elles sont fixées ne passerait point entre deux en quantité suffisante pour les maintenir en place.

Pour tirer parti de ces métiers fins et superfins, il a fallu donner beaucoup d'attention au choix des belles qualités de soie, et étudier plus exactement tous les moyens qui concourent à la plus parfaite production de cette matière. L'art de la filature est une des parties de cette industrie qui ont le plus gagné. On a vu dans tout ce qui précède par combien de précautions on parvient à obtenir des soies de première qualité pour la beauté et la régularité des fils, et à tirer le parti le plus avantageux des différentes manipulations ou *ouvraisons*.

La plus grande partie des fabricans des Cévennes élèvent à présent eux-mêmes des vers à soie, et font filer pour la consommation de leur fabrique.

Après la filature, la seconde manipulation que subit la soie est le dévidage, qui se fait sur des bobines qu'on appelle dans le pays des *rochets*. On *la double* ensuite, c'est-à-dire qu'on réunit ensemble plusieurs des premiers fils de 6 à 10, selon la finesse du brin, et celle de l'ouvrage qu'on se propose d'exécuter ; ensuite, la soie est moulinée ou *montée à l'ovale* (nom du métier propre à cette opération dans le pays). Cette manipulation donne la *tordaison* convenable au nombre de brins dont on veut faire un seul fil, et les distribue aussi en écheveaux ou *flottes*. On s'arrange à faire ces écheveaux d'un nombre de tours tel que chacun fasse son bas. Pour parvenir à ce résultat, on ne commence à doubler que sur deux rochets, et par tâtonnement, la quantité de fils présumée suffisante pour faire une paire de bas de tel ou tel poids. Les deux écheveaux résultant de ce premier tâtonnement sont pesés avec exactitude et leur nombre de tours compté; et comme, lors de cette manipulation, la soie n'est point encore décreusée ou privée de sa gomme, il faut estimer que cette matière entre dans les écheveaux pour le quart de leur poids.

Alors, d'après ce poids, on connaît si l'on est arrivé à la quantité de matière juste et nécessaire pour une paire de bas, ou s'il faut en ôter ou y ajouter un brin.

Quand une soie a été filée à cinq cocons (c'est-à-dire qu'on a réuni cinq cocons pour faire le premier brin de fil), et qu'elle est doublée à huit brins, travaillée sur un métier de Ganges de 40 *fin à trois aiguilles*, et de 40 centimètres (15 pouces) de large, sur 62 centimètres (26 pouces) de hauteur, elle donne des bas d'homme dont la paire doit peser 4 décagrammes et 1 gramme (1 once 3 gros).

Une soie filée à six cocons, doublée à huit brins, et travaillée sur un métier de 36 *fin*, même longueur et largeur, donne des bas du même poids que les précédens.

Les bas provenant d'une soie filée à huit cocons, doublée à huit brins, sur un métier de 32 *fin*, n'auront encore que le même poids, mais à près de 3 centimètres (1 pouce), de moins de longueur que les précédens.

Les bas fabriqués d'une soie filée à douze et quatorze cocons, et doublée à huit brins, sur un métier de 28 *fin*, même longueur et largeur que les premiers, doivent peser 8 décagrammes (2 onces 5 gros).

Les bas de soie pour femme, toutes choses égales d'ailleurs, se calculent à un sixième de matière de moins que pour des bas d'homme.

Les fabricans qui emploient des soies moulinées à deux brins, règlent par le nombre de brins le poids qu'ils doivent donner aux bas.

Dans les rapports qui viennent d'être indiqués, on n'est pas toujours sûr d'obtenir avec une immuable exactitude un poids constant des fils d'un même nombre de cocons doublés à un même nombre de brins.

De légères différences en plus ou en moins, dans la force et le corps de la soie, donnent, par paire de bas, des variations plus ou moins sensibles, mais qui ne vont jamais jusqu'au décagramme (environ 2 gros).

On sent ici qu'il est impossible que tous les cocons donnent leur brin parfaitement égal : de là donc ces légères différences dans les poids d'une même quantité numérique de brins réunis en un seul fil. Il faut remarquer aussi qu'une soie bien tordue paraît toujours un peu plus grosse, et que cette apparence trompe même l'œil exercé des plus habiles fabricans.

Du ver à soie et de la feuille de mûrier, comme propriété et denrée commerciale.

Le ver à soie, ainsi que la feuille qui le nourrit, sont les *instrumens* d'une industrie assez importante, pour que le législateur ait songé à en assurer les produits. Comme partie de la fortune des biens-meubles d'un particulier, ils peuvent devenir l'hypothèque et la garantie des droits de ses créanciers. Mais la loi a pourvu à ce que cette hypothèque fût conservée dans toute sa valeur contre des prétentions hors de saison; et celle du 5 juin 1791 a prononcé que *les vers à soie, pendant leur travail, ainsi que la feuille de mûrier nécessaire pour leur éducation, ne pouvaient être saisis.*

Cette loi est toujours en vigueur.

CONCLUSION.

De tout ce qu'on vient de lire, je pense qu'on peut conclure, 1°. que tout ce qui regarde les *ouvraisons* et la fabrication de la soie, est aujourd'hui singulièrement perfectionné, et que l'autorité n'a plus qu'à propager la connaissance et favoriser l'usage des machines et instrumens que nous possédons, et dont l'emploi contribue infiniment, et, de plus, est absolument indispensable pour assurer à nos soies, par une bonne manipulation, la finesse, la pureté, le nerf que la nature donne, mais que l'art seul peut faire ressortir; 2°. que la pratique des Cévenols, dans l'éducation des vers à soie, se recommande par ses succès constans, reconnus même des contrées voisines, qui tirent leur graine des Cévennes, ou qui en appellent chaque année à leur service des magnaguiers ou éducateurs de profession.

Cependant il est encore des questions importantes à résoudre, des observations à vérifier, soit concernant la culture du mûrier, soit relativement à l'amélioration des vers à soie; en un mot, il me semble qu'il est sur ces deux points des expériences essentielles à faire, et des connaissances à acquérir, avant de pouvoir se flatter d'être parvenu au systême d'éducation le plus avantageux comme le mieux approprié à notre climat, à notre sol, et à la nature de l'insecte qui s'y trouve transplanté.

Et d'abord, quant au mûrier, bien que le gouvernement et les sociétés d'agriculture s'appliquent à en exciter la propagation par des encouragemens et des facilités de toute espèce, suffit-il, comme l'a fait en 1808 la société d'encouragement, d'offrir des prix à ceux qui en auront formé les plus nombreuses pépinières ? et ne conviendrait-il pas, autant et plus, 1°. d'obtenir une opinion fixe et décidée sur les avantages ou les inconvéniens de la culture de cet arbre en haute tige, comparativement à sa culture en buisson ; 2°. de terminer irrévocablement le procès élevé entre les partisans du mûrier greffé et du sauvageon ; 3°. d'astreindre, par des réglemens, les cultivateurs à une méthode d'exploitation uniforme et essentiellement conservatrice ; enfin, de diriger des recherches suivies, tant sur les propriétés des différentes espèces de mûrier, qu'Adanson porte à plus de vingt sortes différentes, que sur celle des arbres parmi lesquels il n'est pas démontré impossible de lui trouver une succédanée ?

M. Thouin a présenté à ce sujet, en 1792, une série de questions, toutes d'un intérêt plus ou moins direct, et dont je ne sache pas qu'on se soit occupé.

Ainsi, par exemple, il proposait d'essayer de paralyser la fructification du mûrier, qui nuit à la production de la feuille, en le multipliant pendant une succession suivie de générations, de marcottes et de boutures ; d'éclairer par des expériences décisives les opinions contradictoires sur les qualités du mûrier noir, relativement à la santé des vers et à la perfection de la soie ; d'examiner surtout si les résultats opposés, dont chaque système s'appuie, et qui laissent les esprits dans le doute, ne pourraient pas tenir aux différences des lieux et des climats ; et, à ce propos, de rechercher si les mûriers de la Chine, de la Tartarie, du

Canada, qui prospèrent sous des zones plus froides que la nôtre, ne seraient pas plus robustes et plus vivaces que ceux du Midi de notre Europe.

Il demandait encore si l'on était assez avancé en études et en expériences botaniques, pour décider qu'il ne pourrait pas se trouver, dans la famille dont le genre du mûrier fait partie, des végétaux, soit ligneux, soit herbacés, propres à le remplacer, peut-être même avec avantage ; et il observait qu'en Chine, outre un mûrier différent du nôtre, on avait encore une espèce de chêne et de frêne qui servaient à la nourriture du ver à soie, et qu'au Japon on employait un arbrisseau de la famille des malvacées à la même destination.

J'ajouterais à ces vues, comme digne d'attention, l'idée émise cette année même par M. Dionis-du-Séjour, d'étudier les effets de la greffe du mûrier sur d'autres arbres faciles à élever et d'un feuillage délicat et tendre, tels que le *peuple franc* et diverses sortes d'érables.

Il y a là de quoi occuper longuement et utilement ces sociétés respectables, dont tous les travaux ont pour but la recherche des moyens de prospérité publique ou particulière, et méritent souvent l'éloge d'avoir atteint leur objet.

Dirigeant ensuite les observations sur quelques détails de l'éducation des vers à soie, je trouve qu'il y aurait à examiner jusqu'à quelle latitude ils peuvent s'acclimater avec succès; si l'éducation, hâtée par la chaleur du feu, et une bonne nourriture, ne conviennent pas à certains cantons, par exemple, aux pays de plaine, pour mettre le ver à soie en état de filer avant l'arrivée des grosses chaleurs naturelles, et des toufes, sources constantes d'épidémies dans les ateliers, tandis que cette accélération pourrait n'avoir rien d'utile dans un pays montagneux, où un air plus vif fortifie par lui-même les vers, et les met plus à l'abri des inconvéniens attachés aux progrès de la saison; si les variétés de couleurs dans les cocons sont purement accidentelles, comme le dit l'abbé de Sauvages, et à quelle nature d'accidens elles tiennent; si l'espèce de vers qu'on assure exister au Bengale, et qui donnent toujours un cocon orangé, ne rend pas cette assertion au moins douteuse; si, de là, on ne pourrait pas retrouver des races pures de vers, et si ces races ne seraient pas à préférer; si, par exemple, il existe encore des sujets provenant de graine qu'on avait fait venir de la Chine, en 1780, pour introduire en France la qualité de soie dite de Nankin, ou *sina*, remarquable par la pureté de son blanc naturel, ainsi que par sa force.

(Les essais que l'on fit alors pour l'éducation de cette graine, sans doute mal dirigés, ne remplirent pas l'attente des spéculateurs, et ils ne furent pas poursuivis ; néanmoins M. Magnien assurait, il y a trois ans (en 1809), que quelques cultivateurs avaient encore conservé de cette espèce.)

Ne pourrait-on pas, ne devrait-on pas emprunter aussi de la Chine la qualité de soie qui se lave, et dont les étoffes vont au blanchissage ?

Il serait bon encore de savoir décidément et au juste à quoi s'en tenir, concernant l'influence de certaines qualités ou espèces de feuilles, sur la santé et sur l'ouvrage des vers à soie ; enfin, il serait important de vérifier si le procédé tenté par M. Calvel, pour les nourrir avec des feuilles tenant après les branches élaguées des mûriers, offre réellement les résultats avantageux que ce savant agronome attend de cette méthode, tant pour la meilleure exploitation de l'arbre, que par rapport à une éducation mieux entendue du ver à soie; et il est, je pense, à désirer qu'on ne perde pas de vue cet objet.

Mais qui s'occupera de tous ces détails, qui agitera ces questions, qui tentera des recherches, souvent coûteuses, ou qui supposent beaucoup de connaissances réunies; qui risquera, pour le seul intérêt de la science, des expériences dont le résultat pourra quelquefois être nul pour l'intérêt particulier?

On ne peut raisonnablement attendre tant de zèle et de dévouement de l'éducateur ordinaire, du spéculateur par état, qui, certain des produits de sa méthode, et content des fruits qu'il en retire, regarderait comme une haute imprudence de quitter des procédés peut-être d'une bonté médiocre, mais du moins d'un effet sûr, pour un *mieux* qui lui paraît d'autant plus problématique, que ni son grand-père, ni son père, ni lui, ne l'ont jamais trouvé, et que les raisonnemens sur lesquels se fonde la probabilité du succès, sont plus contraires à sa routine ou plus au-dessus de sa raison.

Il peut appartenir, sans doute, aux sociétés particulières, aux lumières de leurs membres, à la sage direction de leurs travaux, de jeter un grand jour sur la plupart des questions que je viens de rassembler. Mais il est évident que le concours de l'autorité suprême est essentiel et indispensable, pour créer et faire suivre, avec la constance nécessaire et dans une direction avantageuse, un système complet et coordonné dans toutes ses parties, d'expériences, d'après lesquelles on puisse enfin déterminer les méthodes propres à chaque localité, pour la culture du mûrier et l'éducation du ver à soie.

Les moyens de parvenir à ce but ne me semblent même ni aussi difficiles, ni aussi dispendieux qu'on pourrait d'abord se l'imaginer; et je croirais que les dépôts de mendicité, les maisons de détention et de correction, les retraites d'orphelins, d'enfans-trouvés, etc., pourraient devenir à peu de frais des écoles pratiques, où l'on pourrait, d'un côté, faire produire de la soie par les meilleures méthodes connues, et appliquer ensuite les bénéfices de cette industrie à des essais et tentatives que dirigeraient des personnes instruites et intelligentes.

Mais je m'arrête, en songeant que le zèle et les bonnes intentions ne suffisent pas pour former des projets, et surtout pour oser les soumettre à l'attention de l'autorité même. Je sens que les miens auraient besoin de l'approbation de personnes plus expertes que moi en ces matières. Et d'ailleurs, le génie qui a changé les destinées de la France, a voulu que toutes les richesses de son sol, tous les produits de son heureux climat, fussent employés à affranchir son industrie d'une dépendance onéreuse de l'industrie de l'étranger. Il l'a dit, et tout ce que sa pensée a conçu, sa puissance l'exécute. Ainsi, n'en doutons pas, la production de la soie, l'une des plus précieuses de cette belle France, triomphera des entraves qui l'arrêtent encore ; et cette source féconde d'un commerce brillant et productif, répandue de toutes parts, ici vivifiera des campagnes, là rendra à des villes manufacturières leur population et leur ancien éclat, partout substituera l'élégance et la noblesse d'un luxe utile et national, au goût frivole de ces tissus mesquins, dont le monopole de Londres et notre aveugle anglomanie nous avaient, au détriment de notre commerce et de l'industrie d'une partie notable de notre population, prescrit la ruineuse simplicité.

FIN.

NOTES.

(1) Page 5.

On sait que les deux espèces de mûriers vulgairement cultivées sont le mûrier blanc et le noir ; c'est du premier dont parle ici M. Reynaud. Le mûrier noir a été long-temps préféré en Italie et en France ; il y était même très-multiplié : c'est celui qui donne les grosses mûres que l'on vend dans les villes. Sa feuille est rude au toucher et ferme ; elle donne une soie moins fine que l'autre, mais qui a plus de corps, est aisée à dévider, et convient très-bien aux étoffes façonnées. Les anciens auteurs du 16e. siècle, tels que Corsuccio et Malpighi en Italie, Laffemas de Beauthor et Olivier de Serres en France, ont reconnu ces avantages du mûrier noir ; enfin, il dure très-long-temps. Mais on oppose à ces avantages qu'il vient moins vite, qu'on le multiplie plus difficilement de greffe et de semence ; que sa pousse est, au printemps, plus tardive de huit jours que celle du mûrier blanc. Enfin, outre qu'il donne moins de feuilles, elles sont si âpres au toucher, qu'on ne les cueille qu'avec peine ; on est même souvent obligé d'y employer les gants, pour ne pas s'écorcher les mains.

C'est pour ces raisons qu'on plante de préférence aujourd'hui le mûrier blanc, dont on distingue trois espèces principales : la colomba, la romaine et l'espagnole. La première donne les feuilles les plus petites, mais très-tendres. La deuxième lui est très-supérieure, mais seulement quand elle est jeune et dans un bon terrein. La dernière est la plus vigoureuse ; et sa feuille, moins dure que celle du mûrier noir, l'est cependant plus que les précédentes.

Mais, en général, le mûrier blanc, quoique plus hâtif et plus riche en feuilles, passe pour être plus délicat et durer moins long-temps, et est exposé à une maladie particulière qui en fait beaucoup périr.

Varennes Fenil dit qu'il faut au mûrier noir une terre riche, substantielle et profonde, si l'on veut qu'il prospère.

Une particularité bien remarquable, c'est que le mûrier n'est point rongé par les autres chenilles, comme les autres essences d'arbres, et ce serait déjà là une raison de le cultiver davantage dans les régions qui lui conviennent.

(2) Page 6.

La graine qu'il est à propos de semer de préférence, est celle du mûrier blanc franc. Les graines du sauvageon donnent de moins beau plant, et qui est plus lent à pousser.

Autrefois la manière de semer était très-simple et plus conforme à la marche de la nature. On frottait d'une poignée de fruits biens mûrs une grosse corde de chanvre bien éraillée, bien usée; quand elle était suffisamment enduite de cette espèce de marc dans toute sa longueur, on la couchait dans une raie tracée sur une planche de jardin convenablement préparée, on la recouvrait de terre, la nature faisait le reste. On peut remarquer que la corde, en se pourrissant, formait terreau, et qu'une fois imbibée, elle conservait long-temps une humidité favorable à la pousse du semis.

Aujourd'hui on conserve la graine d'une année à l'autre. On écrase avec la main les mûres dans un panier plongé dans un vase plein d'eau; on enlève le marc que retient le panier, et, quand par ses interstices, la graine seule est tombée au fond du vase, on le survide et on fait sécher à l'ombre.

La graine se conserverait, au reste, bien mieux dans la mûre. Ce n'est pas en vain en effet que la nature a donné aux germes différentes formes et enveloppes analogues à leur destination : mais la garde de ce fruit occuperait trop de place, et il ne serait pas non plus très-commode d'en faire des envois.

Avant de semer la graine, on l'humecte en la faisant tremper dans quelque eau de fumier, de cendre ou de chaux; ces lessives accélèrent le développement du germe. La graine la plus fraîche lève en sept et huit jours, la plus tardive en dix ou douze : le jeune plant qui en lève s'appelle *pourette*.

Si l'on doutait de l'avantage qu'il y a à préparer la graine pour lui donner de la chaleur et accélérer la fermentation, il n'y aurait qu'à considérer ce qui arrive aux graines mêlées parmi les fientes des animaux domestiques qui se sont nourris de mûres, lorsque surtout le hasard les porte dans des terreins humides, soit naturellement, soit accidentellement. On ne peut qu'être surpris de la force et de la rapidité de cette végétation en quelque sorte spontanée. A ce propos, on assure que les Chinois, de qui nous sont venues nos premières connaissances sur tous les détails de la soie, ont coutume de nourrir des poules avec des mûres, et d'en garder la fiente pour servir à leurs semis. Ils prétendent que la graine préparée dans l'estomac de ces volatiles donne des mûriers qui portent beaucoup moins de fruit que les autres, et ils les recherchent pour cette raison, attendu que la feuille des mûriers très-fertiles en fruits s'en trouve moins bien nourrie et moins substantielle.

Il n'y a pas de doute qu'en Chine comme en Europe on ne fasse de beaux contes pour former l'esprit des bonnes gens : mais leur opinion sur les vertus de la graine qui a passé par l'estomac de certains animaux, semble du moins se rattacher au fait cité tout à l'heure, et qui prouve l'avantage de semer des graines convenablement échauffées.

(3) Page 8.

Les auteurs qui ont écrit sur l'art de la *magnaguerie* (c'est le nom que l'on donne communément, dans le Midi, à l'art d'élever le ver à soie), examinent ici s'il est possible de changer le ver à soie de nature de feuilles, ou de lui en donner indifféremment de celles des mûriers blancs et des noirs. La routine des *magnaguiers* (éducateurs de profession) est contraire à ce changement, et il paraît en effet constant que des vers jeunes, ou même plus âgés, mais faibles, périraient infailliblement, si on les passait subitement d'une feuille tendre à celle de l'espèce la plus dure, comme celle du mûrier noir, ou même seulement à celle de la variété de blancs, dite *espagnole*. Cependant, d'un autre côté, des naturalistes ont éprouvé que les vers déjà grands, et dans le moment de leur plus grand appétit ou *frèze*, qui est le temps moyen entre deux mues, pouvaient manger impunément de ces feuilles lorsqu'ils étaient d'une bonne constitution ; et ils pensent même que comme les vers faibles et malingres en meurent, ce pourrait être un moyen de se débarrasser de ces consommateurs inutiles, ou de peu de produit, en leur servant ce repas d'épreuve, lorsque le ver, aux deux tiers ou trois quarts de sa carrière, commence à manger deux fois plus que dans son enfance et son adolescence.

Une autre question non moins importante, est celle de savoir s'il ne faudrait pas préférer le mûrier sauvageon au mûrier greffé. On rapporte, à ce sujet, dans le Dictionnaire de Rozier, l'opinion de M. de Marguerites, qui attribue à la greffe et les maladies du mûrier, et celles des vers à soie, et qui s'appuie de l'exemple du Piémont, dont les soies sont très-renommées, et dont les vers à soie, dit-il, ne sont pourtant nourris qu'avec le sauvageon.

L'abbé Boissier de Sauvages, auteur de Mémoires estimés sur l'éducation des vers à soie (2 vol., 1763), rapporte aussi, avec le ton de la confiance, l'opinion d'un agriculteur du Languedoc, qui lui assurait que la graine des grosses mûres blanches du mûrier d'Espagne produisait un plant à feuilles larges, et se rapprochant beaucoup de celles du mûrier franc, par conséquent préférable, non-seulement au sauvageon ordinaire, mais même au mûrier greffé, puisque, donnant des feuilles à peu près aussi belles, il aurait encore, par-dessus lui, l'avantage d'être plus robuste, et de donner sans doute moins de peine dans sa première culture. (*V.* la note 6.)

(4) Page 10.

L'on gagnerait tout le temps du semis, si les méthodes de provignement et de la bouture réussissaient aussi bien dans nos climats que celle du semis; mais c'est dans les contrées fertiles des grandes Indes qu'il convient d'employer cette voie de former promptement de grandes pépinières. Cependant l'on a indiqué dans plusieurs ouvrages d'agriculture un moyen assez simple de former sur les arbres, même de toute espèce, un rejeton moitié provin, moitié bouture, et qui n'est peut-être pas à dédaigner. On a pour cet effet ou un panier percé par le fond, ou un de ces pots de terre à mettre des fleurs, où le trou nécessaire à l'opération dont il s'agit, se trouve tout formé. On passe par cette ouverture la jeune branche ou le jet qu'on a choisi; on fixe le vase ou le panier sur l'arbre dans une position droite, et on le remplit de bonne terre. On coupe la sommité de la branche qui en sort, en y laissant trois ou quatre yeux en boutons. Ceux qui se trouvent ensevelis dans la terre, qu'on tient toujours humide, s'y développent et se forment en racines. Pour exciter le scion à tirer sa nourriture de cette partie, on arrête petit à petit la sève qu'il tire du tronc, en formant successivement plusieurs incisions dans la partie de la branche au-dessous du panier ou du vase; et quand on a acquis la certitude qu'il s'y est formé des racines, on achève la séparation, et le jeune arbre dépoté est mis en pépinière.

(5) Page 15.

Quelques personnes ont pensé que les mûriers nains pouvaient avoir, dans les saisons pluvieuses, un avantage très-important et très à considérer dans l'éducation des vers à soie. On verra en effet plus bas, que la feuille mouillée est dangereuse à ces animaux; et quand il survient de longues pluies pendant le cours de leur éducation, leur nourriture donne un embarras extrême aux magnaguiers. On a donc imaginé qu'on pourrait avec des perches, soutenues ou par des piquets plantés en terre, ou des bâtons fourchus s'appuyant l'un contre l'autre, et une banne ou pièce de grosse toile, de longueur et de largeur suffisantes, couvrir comme d'une espèce de tente un certain nombre de ces arbres nains ; bien entendu qu'on leur laisserait de l'air par les côtés, en ne faisant point descendre la toile jusqu'à terre. Les extrémités en seraient tendues par des cordes et des piquets.

Si, après avoir cueilli les feuilles des arbres couverts de la banne, la pluie se prolongeait encore, on transporterait cette tenture sur d'autres pieds d'arbres.

Ce moyen d'avoir des feuilles sèches en temps de pluie, paraît aussi simple qu'efficace, et on ne voit pas qu'il offre d'inconvénient.

(6) Page 16.

M. Duvaure, auteur d'un Mémoire couronné par l'académie de Valence, dont il sera parlé plus loin, n'est point du tout de cet avis.

(7) Page 29.

Parmi diverses *recettes* qu'on trouve dans les recueils de pratique d'agriculture, on en a publié une, il y a quelque temps, pour écarter les insectes des arbres : elle consiste à les garnir et entourer de pieds de lavande.

(8) Page 33.

C'est un préjugé populaire et général, qu'on trouve au pied des mûriers du vif-argent qui les fait périr. Une pareille idée n'a pas besoin d'une réfutation sérieuse ; remarquons seulement que moins les causes ont de rapport avec les effets, plus l'homme est porté à s'en contenter, à les adopter avec obstination, tant il lui est plus commode de croire que de raisonner !

(9) Page 34.

Les agriculteurs conseillent de laisser reposer le mûrier de temps en temps, comme, par exemple, de trois ans en trois ans ; mais les propriétaires ne veulent point entendre à ce conseil, parce qu'un mûrier non cueilli donne, disent-ils, l'année suivante, plus de mûres que de feuilles : ils calculent alors que ce serait deux années de rapport perdues. On a beau leur faire observer que l'arbre en sera plus vigoureux, durera plus long-temps, etc., la certitude du présent l'emporte sur les calculs éventuels de l'avenir ; ils traitent leurs mûriers à peu près comme les planteurs anglais traitent, dit-on, leurs nègres, qu'ils épuisent, en peu d'années, par un travail forcé. La devise de l'intérêt du moment est donc, en tout et partout, *courte et bonne*.

(10) Page 35.

Ne conviendrait-il pas, vu l'importance actuelle du commerce de la soie, de répandre dans les campagnes des instructions précises sur la culture du mûrier ; et le gouvernement ne pourrait-il pas intervenir dans le règlement de cette exploitation d'une branche aussi considérable de l'industrie nationale, comme il intervient dans l'aménagement des forêts ?

En Piémont, tout ce qui concernait la fabrication de la soie avait été soumis par l'ancien gouvernement à des règles dont il n'était pas permis de s'écarter.

(11) Page 51.

M. l'abbé de Sauvages dit avoir tenté sur une assez grande quantité de vers sains et vigoureux l'expérience de leur faire manger de la feuille échauffée, sans qu'ils en aient paru le moins du monde incommodés. Il pense, d'après cela, que si l'on avait besoin de ménager la feuille, on pourrait en servir de l'échauffée, en ayant la précaution de l'étaler auparavant, dans le magasin, à un air frais. Du reste, il conseille de ne s'écarter que le moins qu'il est possible de la règle générale à cet égard.

La feuille, dans son état naturel, est sujette à un autre inconvénient, c'est d'être trop *grasse*, lorsqu'elle vient d'arbres plantés dans des terreins gras, et surtout dans le voisinage des étangs et marais : on doit alors lui faire évaporer une partie de ses sucs. La pratique ordinaire est de l'exposer sur un drap, au soleil, pendant deux heures, puis de l'envelopper en paquets et de la laisser suer pendant autant de temps ; on l'étale ensuite au magasin, pour la rafraîchir, avant de la servir. On obtiendrait sans doute le même résultat en l'y étalant aussitôt qu'elle a été cueillie, et la laissant évaporer d'un jour à l'autre.

(12) Page 52.

Dans le ci-devant Dauphiné, les magnaguiers obtiennent les deux cinquièmes des cocons qu'ils font venir. On les paye aussi à la journée. La première méthode vaut mieux ; ils sont alors intéressés plus directement à ne pas épargner des peines et des soins qui leur seront à eux-mêmes utiles et profitables.

(13) Page 56.

Dans ses Mémoires, déjà cités, sur l'éducation des vers à soie, M. l'abbé Boissier de Sauvages attache la plus haute importance aux procédés relatifs à la couvaison des œufs. Il pense que de cette opération dépend la santé subséquente des vers, et que si elle a été frappée de quelque vice secret, les vers, quoique éclos, en apparence, comme il faut, y contractent le germe de diverses maladies épidémiques qui les enlèvent aux différentes périodes de leur croissance.

Il se plaint que les auteurs qui ont écrit sur l'art du *magnaguier* ou *magnanier* aient traité superficiellement ce point essentiel.

(14) Page 57.

La bonne graine est d'un gris cendré lucide, avec une nuance de pourpre, tombe au fond de l'eau, s'écrase avec bruit sous l'ongle, et donne une liqueur liée et visqueuse.

(15) Page 61.

Il faut observer que le mûrier blanc est très-sujet à brouir dans les petites gelées d'avril, et qu'alors cet accident le retarde de quinze à vingt jours : si donc février et mars ont été très-doux, il faut se défier d'avril; si au contraire le froid s'est prolongé jusque vers ce mois, on peut compter plus probablement sur les promesses du mûrier, et on peut régler la couvaison sur le retour de la feuille.

Les mûriers le plus exposés à geler sont

ceux qui avoisinent les eaux. Ceux des coteaux abrités de la bise craignent bien moins ces gelées tardives. Ceux qui sont plantés dans les jardins des villes, villages et basses-cours, en sont encore plus à l'abri, parce que l'atmosphère des lieux habités est toujours plus chaude qu'en rase campagne.

Ces retours de froids tardifs rendent très-hasardeuse la détermination de l'époque de la couvaison, et elle se trouve comme placée entre deux écueils. Trop hâtée en effet, elle amènerait des vers à la vie au moment où la nature n'a point encore pourvu à leur subsistance ; trop retardée, elle les exposerait aux chaleurs de l'été pendant leur dernier âge, et au moment où ils filent ; et les orages alors rendent cette saison malsaine et quelquefois très funeste à ces animaux, ainsi qu'on le verra plus bas.

Pour prévenir ce dernier inconvénient, contre lequel tous les préservatifs sont quelquefois insuffisans, tous les bons auteurs conseillent aux éducateurs de vers à soie ou *magnaniers*, d'entretenir toujours dans leurs cultures quelques jeunes sauvageons bien abrités du nord et de l'ouest, et dont la feuille, plus précoce et moins sensible aux gelées tardives, peut suffire aux jeunes vers, dont il est d'ailleurs convenable de ne pas trop retarder l'*éclosion*. On lit dans Valmont de Bomare l'exposé d'un procédé fort simple, qui, si les résultats étaient bien certains, permettrait de fixer d'une manière à peu près invariable l'époque de la couvaison de la graine, malgré les variations et les accidens de la saison. Ce procédé consiste à conserver sèchement des feuilles de mûrier cueillies à la pousse d'automne; et au printemps suivant, lorsqu'on en veut faire usage, on les jette une minute dans l'eau bouillante, d'où elles sortent ayant repris leur fraîcheur, et propres à la nourriture des vers. Pour ajouter à leur qualité, on a imaginé de tirer, des feuilles récemment cueillies et pilées, un jus que l'on traite par le feu, dont on forme une sorte de sirop ou d'extrait, et que l'on conserve dans des bouteilles ouvertes, en couvrant seulement l'extrait d'une légère couche d'huile. On jette de cet extrait dans l'eau où l'on fait tremper la feuille, afin d'en augmenter la qualité nutritive.

Il paraît que le fond de ce procédé est

connu des Chinois ; et l'on assure qu'ils préparent la feuille de mûrier en la réduisant en poudre, et que c'est avec cette poudre qu'ils nourrissent les jeunes vers éclos avant les feuilles de l'année.

On peut douter que les vers trouvent cette nourriture très-commode ; l'autre procédé est plus analogue à la marche ordinaire des choses, et il paraît assez naturel de croire que la perte qu'éprouve la feuille de mûrier en se desséchant, tombe principalement sur la partie aqueuse, qui, en général, y surabonde, et que la partie gommeuse et la portion véritablement nutritive s'y concentrent au moins en grande partie. Quelques écrivains ont indiqué un autre expédient pour remédier au retard qu'apporte à la végétation des mûriers les gelées tardives, c'est de déchausser l'arbre, et d'en chauffer la racine avec des fumiers : le moyen est efficace, mais la perte de l'arbre pourrait bien en être la suite. Reste à savoir s'il vaut mieux sacrifier ses arbres que quelques onces de graine. Je ne pense pas qu'on veuille racheter ses vers à ce prix.

(16) Page 62.

Si la graine renfermée dans des nouets y est trop serrée, ses propres exhalaisons l'y échauffent; elle prend une odeur d'aigre, signe et cause d'altération. Dans tous les cas, l'ouverture des nouets a le double but d'aérer la graine, de la remuer, et de suivre les progrès de la chaleur sur le développement du germe.

Si la graine que l'on place dans la paillasse a été exposée à une température trop douce pendant l'hiver, elle peut *blanchir* à la faible chaleur qu'elle reçoit du lit, en trois ou quatre jours seulement, et c'est le signe du développement du germe. On doit ouvrir et remuer les nouets dans un endroit chaud, pour que le contact de l'air ne refroidisse pas la graine. Dans les départemens du ci-devant Dauphiné, il y a des couveurs qui ne laissent les nouets dans la paillasse que trois ou quatre jours.

La graine qui a été trop entassée et trop avancée pendant l'hiver, et qui donne des signes de fermentation spontanée avant qu'on la mette couver, donne des vers beaux en apparence, mais qui périssent de la maladie *du gras*.

(17) Page 64.

Une chaleur uniforme et douce est celle qui convient le mieux à la formation des vers. Un refroidissement accidentel et même assez considérable ne fait que retarder l'opération de la nature. Une chaleur excessive, étouffée et concentrée, tue l'embryon si elle dure trop long-temps; ou si elle n'est pas d'assez de durée pour produire immédiatement cet effet, elle altère assez le principe de la vie, pour qu'il n'en résulte que des vers faibles, et qui succombent peu à peu.

En Italie et dans plusieurs cantons de la France, principalement dans les départemens du Dauphiné et de la Touraine, la couvaison s'achève en portant les paquets sur soi pendant le jour, et les enfermant la nuit dans son lit. Dans cette dernière contrée, l'expérience semble prouver que la graine portée à 20, 25 et 28 degrés de chaleur, comme il paraît qu'on le fait dans la première, ne réussit pas aussi bien; ce qui pourrait indiquer que le degré de chaleur dans la couvaison doit être dans une juste proportion avec celui que la nature donne à chaque climat.

Au reste, soit qu'on porte la graine dans sa chemise, soit qu'on la place, comme les femmes, dans des poches de toile de coton neuve entre deux jupes, il faut la tenir à l'aise, ne pas trop la serrer contre le corps, lui donner souvent de l'évent et la remuer doucement. Les personnes qui suivent cette pratique doivent aussi être saines, jeunes, point sujettes à la sueur. On perd de plus en plus, au demeurant, la *méthode* de porter la graine sur soi, par la crainte des mauvais effets des exhalaisons du corps humain, et l'on se rapproche presque partout de la méthode des Cévenols.

(18) Page 64.

Pendant les deux derniers jours de la couvaison, l'abbé de Sauvages conseille d'ouvrir les nouets à toute heure du jour et de la nuit. C'est à cette époque, où la graine *s'émeut*, c'est-à-dire que le ver s'y développe, qu'il prescrit de la préserver de la chaleur étouffée et de la transpiration concentrée.

Si la chaleur est étouffée, quoique faible, pour peu que le temps soit humide, on a des vers *gras*.

Si la chaleur est trop forte, on a des *gras* et des *passis*. (*Voyez* le chapitre *des Maladies des vers*.) Le même ne trouve pas mauvais qu'un couveur qui a le sommeil dur laisse la graine, pendant son premier somme, enveloppée seulement de son gilet, plutôt que de l'exposer à prendre trop de chaleur à ses côtés ; il veut que s'il la garde au lit, il applique souvent les nouets sur sa joue pour estimer, par la sensation de chaleur qu'il y éprouve, s'ils sont à un degré trop élevé. Comme le visage, exposé à l'air, n'est pas aussi chaud que le corps, si les nouets soumis à ce tact paraissent chauds, c'est qu'ils le sont trop ; alors il faut les ouvrir, étaler la graine, les poser sur la pierre, etc.

Un magnanier qui se prendrait de vin serait un mauvais couveur ; sa chaleur naturelle, exaltée par la fermentation de la boisson, serait beaucoup trop forte et dangereuse pour les vers.

(19) Page 66.

La plupart des auteurs prescrivent de recouvrir la filasse d'un papier troué, comme un crible, ou d'un morceau de gaze très-clair, et d'étendre là-dessus la première nourriture des vers.

L'objet de ces précautions est d'empêcher que ces animaux qui, dès en naissant, jettent des fils, ne s'enlacent les uns les autres, et surtout n'enlèvent avec eux la graine non-éclose lorsqu'ils montent à la feuille. En passant à travers la filasse et les trous du papier, ils cassent nécessairement ces petits fils, et arrivent ainsi un à un à leur destination.

Ceux qui suivent la pratique de mettre dans des boîtes la graine qui commence *à répondre*, ou exposent cette boîte entr'ouverte, le matin, au soleil, en l'abritant d'un linge, ou la tiennent encore au lit. Les uns ont pour système de laisser éclore lentement; les autres poussent la chaleur à 18 et 20 degrés. En général, on peut regarder comme règle certaine que des vers qui éclosent trop lentement, sont aussi plus lents dans tout le reste de leur carrière, et que ce qui nuit le plus aux vers en ce moment est moins la chaleur, si elle n'est toutefois excessive, que le défaut d'air.

La pratique des Cévenols, dirigée d'après ces principes, paraît plus propre que toute autre à atteindre les meilleurs résultats dans ces derniers momens de la couvaison.

(20) Page 67.

Il est bien essentiel de ne pas trop hâter la chaleur dans les premiers jours de la couvaison. On a soumis quelques paquets de graine à l'expérience d'une chaleur de 30 et de 28 degrés, donnée de prime à bord : les premiers n'ont pas même éclos; les seconds n'ont éclos qu'à moitié, et les vers n'ont pas vécu.

(21) Page 68.

L'on a senti partout les incommodités de la couvaison par la chaleur du corps humain, et l'on s'est occupé de former des étuves chauffées par un feu de cheminée.

Des essais heureux ont été faits dans des boulangeries. Si dans un pays de vers à soie un boulanger voulait préparer derrière son four un local convenable, aéré par le haut, et y entreprendre pour les divers particuliers une couvaison en grand, où il réunirait la graine de plusieurs éducateurs, et la ferait conduire par un homme intelligent, il est probable qu'il tirerait bon parti de cette nouvelle industrie.

L'abbé de Sauvages a construit pour lui une étuve de 2 mètres (6 pieds) de large sur 4 mètres et 5 décimètres (13 pieds et demi) de long; du sol de cette pièce au toit qui le recouvrait, la hauteur était de 6 mètres (18 pieds) : la tuile seule, sans plafond ni plancher quelconque, formait ce toit, où une lucarne donnait de l'air, outre celui qui passait par les interstices des tuiles.

Une seule fenêtre y laissait du jour, mais seulement à l'instant de visiter la graine : celle-ci était suspendue à 1 mètre de terre (3 pieds), au moyen d'une perche horizontale et de cordes qui soutenaient des paniers où elle était étendue par couches d'un travers de doigt de hauteur.

Si on a soin d'alimenter le feu de ces étuves avec des matières qui brûlent lentement et sans jeter trop de flamme, telles que la tannée, la sciure de bois, la tourbe, etc., on peut conserver 24 heures le degré de chaleur convenable, sans être obligé de toucher au feu.

Il est essentiel de recouvrir la graine d'un linge qui, attaché après la corde, fasse comme une espèce de pavillon ; on pourrait peut-être aussi se servir avantageusement, au lieu de paniers, de tamis à couvercle.

Aujourd'hui l'on a introduit et déjà multiplié dans diverses contrées l'usage d'une espèce de fourneau ou de petite étuve portative, que l'on appelle une *couveuse*, et dont le service est aussi simple que commode. Avec cette machine, que l'on place partout, il ne faut ni occuper une pièce à former une étuve, ni assujétir une personne plus utilement employée à d'autres travaux, aux soins minutieux, et toujours sujets à plusieurs inconvéniens, de la couvaison par la chaleur exhalée du corps humain.

La *couveuse* n'est autre chose qu'une boîte carrée, plus haute que large, ayant environ 1 mètre (3 pieds), et même moins, de largeur sur chaque face, et 1 mètre 3 ou 4 décimètres (4 pieds de hauteur).

La carcasse peut se faire en bois ou en fer-blanc. Dans le premier cas, le fond est en tôle, et disposé en tiroir pour recevoir un réchaud qu'on remplit de braise, à peu près comme les chaufferettes que les femmes mettent sous leurs pieds. Ce réchaud ou fourneau a une petite porte pour le passage de l'air qui alimente la combustion, et la vapeur s'élevant dans l'intérieur de la boîte, se dégage par le haut de la machine au moyen d'une petite ouverture ou cheminée. D'autres ouvertures permettent à l'air extérieur de se renouveler et circuler dans la boîte; car, d'après ce qui a été dit sur ce sujet, c'est surtout la chaleur étouffée qui est nuisible aux vers à soie à toutes les périodes de leur existence. Le dedans de cette boîte est disposé en étages pour recevoir des espèces de tiroirs ou cases de carton dont on couvre le fond de graine à l'épaisseur d'environ 4 millimètres (2 lignes). On attache aussi à l'un des côtés intérieurs un thermomètre pour régler la chaleur. Le premier jour, on l'élève jusqu'à 15 degrés de Réaumur; le deuxième, on l'augmente d'un autre degré, et ainsi de suite jusqu'au 23e. ou 24e. au plus, si la graine n'a pas encore répondu au 18 ou 19me. L'on a, de plus, soin de remuer la graine plusieurs fois chaque jour, avec les barbes d'une plume, pour que le tout participe également à l'air et à la chaleur.

Dans les *couveuses* de fer-blanc il y a un double fond qui contient de l'eau, que l'on échauffe au moyen d'une lampe, ainsi qu'on fait dans les veilleuses où l'on conserve des boissons chaudes pour la nuit. Un robinet permet de diminuer le volume d'eau lorsqu'il a acquis trop de chaleur.

Il y a peut-être dans l'emploi de ces couveuses une légère économie d'après la manière de les chauffer, mais elles doivent être moins solides; et d'ailleurs, comme tous les auteurs recommandent d'écarter en général des vers à soie toute chaleur humide, et que c'est précisément là ce que l'on veut éviter en renonçant à la couvaison par la chaleur du corps humain, je ne sais si l'on ne rentre point dans le même inconvénient avec les *couveuses* de *fer-blanc*.

D'un autre côté, la dépense à faire en braise pendant huit ou dix jours, et une fois par an seulement, doit être si peu de chose, qu'elle ne saurait devenir l'objet d'une économie bien sensible; et enfin la carcasse ou le coffre d'une couveuse a l'avantage de conserver plus long-temps sa chaleur que le fer-blanc.

Au demeurant, ce meuble, de quelque matière qu'on le fasse, est jugé si commode sous tous les rapports, il simplifie et facilite tellement la couvaison de la graine, qu'il n'y a pas de doute que l'emploi n'en devienne général, surtout si l'autorité prend quelques mesures pour en encourager l'usage dans les campagnes.

(22) Page 71.

Le bon magnaguier choisit toujours la feuille la plus tendre, la plus mollette, cueillie deux fois par jour, s'il est possible. On commence par la feuille du jeune sauvageon, plus hâtive et plus légère que celle des vieux mûriers. Pour avoir de cette feuille hâtive, on a soin de repiquer de jeunes scions de mûriers au pied d'un mur bien exposé, où ils viennent très-bien, en les arrosant fréquemment.

(23) Page 75.

Dans son *Manuel sur l'éducation des vers à soie* (1767), M. Rigaud de Lisle préfère aux clayons ou clisses, des tables de bois de sapin ou de chêne bien unies, assemblées, à rainures, et garnies de liteaux formant *rebord*, de 6 centimètres (2 pouces) de hauteur. Outre cette précaution, comme les vers, quand ils sont un peu grands, peuvent encore franchir ce rebord, il conseille de placer au devant des dernières tables une bande de toile qui, au moyen de quelque soutien, forme comme une espèce de gouttière, dans laquelle les vers, s'ils tombent, peuvent être reçus sans se blesser. Au reste, ces planches ne peuvent convenir, au moins pour les deux premiers âges, à la méthode de M. Reynaud, qui veut qu'on change les vers de place, pour les faire passer par les diverses températures de l'atelier, ce qui ne peut s'exécuter facilement qu'avec des clayons.

(24) Page 76.

Les clayons doivent être placés horizontalement, sans quoi les vers descendraient petit à petit vers le côté le plus bas, et s'y trouveraient entassés et gênés : ce qu'il faut éviter. Les autres causes qui les engagent à se rapprocher les uns des autres, sont, 1°. le froid ; 2°. la chaleur et la lumière inégalement distribuées. Dans le froid, ils se serrent, se cachent sous la litière ; la feuille fraîche même ne les attire pas : il suffit alors de les réveiller en montant la chaleur. Si ensuite celle-ci est plus sensible d'un côté que de l'autre, ils se portent à sa rencontre. Le trop de lumière, venant d'un seul point, leur fait fuir ce point, à moins que, par compensation, la chaleur et la nourriture ne les y attirent.

Il faut remarquer ici que le papillon du ver à soie est du genre des phalènes ou papillons de nuit ; que de là on doit conclure que le ver à soie aime l'obscurité : aussi quelques magnaguiers ayant observé cet instinct, sans autrement se l'expliquer, ont imaginé d'élever leurs vers à la lueur d'une lampe. On peut parvenir au même résultat, en fermant les fenêtres par des volets en jalousies.

(25) Page 78.

La place qu'occupent les vers, devant s'étendre dans tous les âges, à raison de leur nombre, peut présenter à l'œil un moyen approximatif d'estimer leur réussite. Ainsi, par exemple, les vers sortis de 3 décagrammes environ de graine (une once) qui a bien éclos, peuvent vivre jusqu'à leur première mue dans un compartiment de papier de 4 décimètres environ en tout sens (13 ou 14 pouces carrés). Vers cette époque, un peu avant ou immédiatement après, s'il n'y a pas eu de mortalité extraordinaire, ils devront occuper un espace triple. A la seconde mue, il faudra encore les répartir sur une surface augmentée dans cette dernière proportion, ou autrement ils occuperont neuf fois plus d'espace qu'avant la première mue. Aux deux dernières, il devra suffire de leur donner le double de large. En général, aux derniers âges, il faut entre chaque ver la place libre d'un autre ver.

(26) Page 80.

L'atelier des vers, appelé aussi *coconnière* et *magnaguerie*, construit en carré long, doit avoir, selon la plupart des auteurs, sa principale face exposée à l'est, de préférence à toute autre exposition. Le mur de l'ouest doit être abrité ou bien épais. Les vents de ce point sont toujours funestes aux vers. Les uns recommandent encore de ne point prendre de fenêtres au midi; d'autres approuvent des percées du midi au nord. Mais en général on croit qu'en ne donnant de jour qu'autant qu'il en faut pour les ouvriers, les vers réussissent mieux.

Un atelier que l'on construirait exprès, devrait être distribué en 2 ou 3 parties d'inégale grandeur pour pouvoir tenir les vers, pendant leur premier âge, dans la plus petite pièce, qui serait par-là moins dispendieuse à échauffer par le feu; par la même raison, on peut placer cette pièce à l'extrémité qui regarde le midi, et leur donner une fenêtre de ce côté.

L'atelier doit être aussi placé au-dessus d'un rez-de-chaussée voûté. On pratique dans la voûte des trappes ou soupiraux qui donnent dans l'atelier, et qui servent à y introduire un courant d'air frais, surtout dans les grandes chaleurs, et à chasser vers le haut du bâtiment les miasmes et la chaleur étouffée qui sont des causes actives d'épidémie parmi les vers.

On ménage dans la toiture de l'atelier des lucarnes ou *échappées* pour donner issue à la fumée, à la chaleur étouffée et au mauvais air. Le vent qui rabattrait par ces lucarnes pourrait incommoder les vers, si, d'un côté, on ne les formait en *abat-jour*, c'est-à-dire de manière que l'issue extérieure ait la bouche tournée de haut en bas; si, de l'autre côté, on ne laissait une distance suffisante entre la plus haute table et le toit, pour qu'elle ne soit point exposée au courant d'air : cette distance peut être de 4 mètres (12 pieds).

Dans plusieurs ateliers du département de l'Isère, ces échappées sont faites en forme de cheminée.

Dans les pays chauds, cette partie de l'atelier où l'on place les vers qui ont passé les deux premiers âges, peut être impunément très-élevée; le ver ne s'y porte que mieux. Dans une région plus tempérée, sujette à des retours de froid, pendant lesquels il faut augmenter la chaleur par le feu, une trop grande élévation rendrait l'atelier trop difficile à échauffer, sans que même on fût certain d'y parvenir en augmentant la consommation du combustible.

Quant aux dimensions de l'atelier, les proportions de 10 mètres de long sur 6 environ de large, avec un petit foyer à chaque coin, peuvent recevoir jusqu'à 70 tables, et forment un local propre à l'éducation de trois à quatre hectogrammes de graine.

Ceux qui n'élèvent que de très-petites quantités de vers, et qui en tirent souvent un produit plus constant et plus régulier que celui de plus grandes chambrées, ne peuvent que se servir de leur local tel que le hasard le leur a donné. Toutes ces notions cependant ne doivent pas leur être inutiles. Leurs greniers, en général, doivent être trop chauds, leur rez-de-chaussée trop humide. Cet inconvénient peut disparaître à l'aide du feu. M. Rigaud de Lisle dit encore que les vers à soie réussissent bien au-dessus des bergeries.

(27) Page 81.

Les tables dressées à demeure sur des montans et traverses assemblés à tenons et mortaises, sont ce qu'il y a de plus commode pour le service des vers, à commencer au plus tard après leur troisième maladie. Les auteurs recommandent de n'en pas former plus de quatre étages, surtout de laisser du dernier étage au plafond un grand espace pour la circulation de l'air et le dégagement des vapeurs.

M. Reynaud a vu un atelier à neuf étages, dont on faisait le service au moyen de deux petites galeries tournant tout autour : il est vrai que le local, construit exprès, était très-élevé.

M. de Sauvages préférerait des claies aux tables, si ces claies étaient assez serrées pour ne pas laisser passer les vers, tout en donnant passage à l'air. Il est certain qu'avec cette disposition, la litière s'échaufferait moins, et ne conserverait point d'humidité.

Pour prévenir la chute des vers de dessus les tables, il est des ateliers où l'on donne à chaque étage toujours quelque chose de moins en largeur qu'à l'étage immédiatement inférieur ; de là les vers ne peuvent tomber que d'un étage à l'autre, ce qui n'est pas dangereux. D'autres magnaguiers se contentent de rebords ou liteaux élevés autour de chaque table. Dans tous les cas, une excellente précaution est d'isoler la litière des bords des tables, c'est-à-dire de ne laisser entre la litière et le bord ni débris de feuilles ni crotins. La litière alors est pour le ver à soie une île dont il ne franchit point les limites, et qu'il regarde comme sans communication avec l'espace environnant.

Les ateliers doivent être très-propres et à

l'abri de divers animaux et insectes grimpans qui font la guerre aux vers. M. de Lanux, propriétaire à l'île Bourbon, fit entourer le pied des montans qui supportaient ses tables ou clayons d'une bande de coton large de deux ou trois doigts, et enduite de goudron ou d'huile de noix grasse. Les souris, les araignées, les fourmis, les belettes, sont infailliblement arrêtées par cet obstacle, dont l'emploi ne doit pas empêcher de tenir l'atelier net et les murs en bon état, sans trous ou crevasses.

(28) Page 81.

Il y a quelques données pour rapporter le nombre des tables nécessaires à un atelier, à la quantité de vers qui s'y élèvent; si 3 décagrammes environ (1 once) de graine réussissaient bien, les vers qui en proviendraient occuperaient dix tables. Mais plus on a couvé de graine, plus on perd de vers; tellement que dans une éducation dix-huit ou vingt fois plus forte, il ne faut plus compter pour chaque 3 décagrammes que sur six tables au lieu de dix. On estime aussi que dix tables bien garnies de vers donnent cent livres de cocons.

(29) Page 84.

Le temps de déliter les vers est l'approche de chaque mue. Par cette précaution, on leur donne plus d'espace ; on reconnaît mieux ceux qui entrent les premiers en langueur, et à qui il faut suspendre la nourriture ; on peut écarter plus aisément les traîneurs, les hâter même, en les changeant de place et leur donnant plus de chaleur et de nourriture. Au reste, dans les deux premières mues, si la litière est sèche et peu épaisse, il suffit de l'éclaircir, en la déchirant par petites pièces, et espaçant ces pièces d'un travers de doigt.

Quand le travail de la mue est trop avancé, il ne faut pas déliter ; l'on romprait les fils que le ver a jetés autour de lui pour servir d'attache à sa première peau, et à l'aide desquels il la fixe pour pouvoir s'en retirer comme de dedans un étui. Son engourdissement l'empêchant de jeter d'autres fils, il étoufferait dans cette peau qui ne crève point : mais si la mue ne fait que commencer, il a encore de la force pour remplacer par de nouveaux fils ceux qu'on aurait cassés en le délitant.

L. Sauvages pense qu'il suffit de déliter une fois avant, et une fois après chaque mue, jusqu'à la quatrième exclusivement. Il pense aussi que si la chaleur, durant la mue, descend au-dessous du quinzième degré, le ver n'a pas assez de force, la mue se prolonge, l'animal jeûne, l'humidité le gagne, il contracte la maladie dite des *passis*. Le trop de chaleur l'empêche aussi de se bien former ; une bonne mue doit se faire entre 24 et 36 heures.

Au sortir de la première mue, le ver a environ un centimètre (4 lignes) de longueur dans son plus grand alongement ; il grandit d'une moitié en sus à sa seconde mue, et se double à la troisième.

(30) Page 89.

La feuille sèche (chose remarquable) contient plus de sucs gommeux que la grasse : or, ces sucs sont le principe de la soie. On éprouve la qualité de la feuille en la mâchant : si elle rend la salive gommeuse et filante, elle est bonne.

(31) Page 90.

La pluie d'orage est mêlée de vapeurs qui sont un vrai poison pour les vers à soie. La pluie régulière ne communique pas, à beaucoup près, aux feuilles, une qualité aussi immédiatement délétère. Si dans la jeunesse des vers le temps est par trop pluvieux, on est quelquefois obligé de couper de jeunes branches, qu'on suspend dans l'atelier ou quelque appartement, et dont on cueille la feuille à mesure qu'elle sèche. Cet expédient est d'ailleurs favorable à la pousse d'été du mûrier.

Lorsque ces pluies surviennent dans toute la force des vers, on est quelquefois plus embarrassé. Au reste, on peut remarquer que s'il pleut pendant la mue, le ver alors ne mange point; que lorsqu'il commence à rentrer en appétit, et est d'ailleurs bien portant, on peut le faire jeûner impunément, mais en ne lui donnant point trop de chaleur, pour ne pas l'exciter inutilement; qu'enfin, dans le temps de la frèze ou plus grand appétit, il est possible, de lui donner de la feuille mouillée, en retardant un peu son repas, afin d'aiguiser son appétit, en prenant d'ailleurs quelques précautions pour en diminuer l'humidité; telles que de faire sauter les feuilles sur un drap, de pousser un peu le feu dans les ateliers, et de déliter souvent, pour prévenir la fermentation humide de la litière.

Les feuilles *tachées* sont aussi un poison pour les vers. Certaines qualités de rosée et certaines espèces de mûriers offrent les circonstances les plus propres à multiplier ces taches.

De l'urine jetée sur un mûrier y produit le même effet, ainsi que de l'eau qui tient du sel marin en dissolution. L'espèce du mûrier colomba, à petites *mûres noires*, est plus sujette aux taches que celle dont le fruit est blanc ou gris-de-lin.

Il est encore un phénomène atmosphérique qui rend la feuille de mûrier mortelle aux vers, c'est *la miellée*, espèce de manne liquide dont se couvrent quelquefois les feuilles des arbres. Le soleil la dissipe suffisamment, si elle n'est pas trop abondante; si elle l'était trop, il faudrait, au défaut d'une pluie naturelle, plonger les feuilles *emmiellées* dans de l'eau courante, au moyen d'un panier, et les laisser sécher avant de les servir.

(32) Page 96.

Outre la *toufe* atmosphérique, on peut encore considérer comme *toufe* accidentelle ou factice l'état de l'air échauffé et sans ressort dans un atelier ou trop bas ou trop rempli de vers, et très-bien clos. Les exhalaisons des litières trop humides se mêlent d'ordinaire à ces causes. On est averti de cet état par la mauvaise odeur dont on est saisi en entrant dans l'atelier, et le sentiment de chaleur étouffée qu'on y éprouve : cette espèce de toufe fait souvent plus que rendre les vers languissans et faibles ; elle multiplie parmi eux la maladie dite des *muscardins*, lorsqu'ils éprouvent cette chaleur pernicieuse après la quatrième mue.

Cette espèce de *toufe* a été heureusement combattue par M. Paroletti avec les moyens chimiques employés aujourd'hui pour désinfecter l'air des hôpitaux, et qui paraissent convenir aux ateliers de vers à soie, où l'air s'altère aisément par les exhalaisons végétales et animales, et le défaut d'une libre circulation. L. Sauvages indique, au reste, un dernier remède contre les effets de la toufe, lorsqu'elle a été assez violente pour répandre dans l'atelier les symptômes de la maladie muscardine : c'est d'arroser à force les vers à soie d'eau fraîche, ou de les tremper dans un baquet. Ce bain d'eau froide ranime, dit-il, leurs fibres, neutralise le mauvais air qu'ils ont respiré, et dissipe la couleur blafarde qui signale les progrès du mal. Le hasard a conduit à cette expérience, et elle a été indiquée par des vers, qui, jetés au pied d'un arbre comme désespérés, et ayant éprouvé la fraîcheur de la nuit et reçu un bain de rosée, ont été retrouvés, le lendemain, frais, vigoureux et blancs, comme s'ils n'avaient point souffert.

(33) Page 100.

Il n'y a pas de doute que l'éducation actuelle des vers à soie n'ait multiplié parmi eux les maladies qui exposent les éducateurs à des pertes soudaines et irréparables. L'étude des moyens curatifs de ces sortes d'épidémies a occupé les observateurs les plus éclairés, et souvent même provoqué l'attention et le concours de l'autorité.

Malpighi, Rast, médecin de Lyon, l'abbé de Sauvages, Fontana, se sont particulièrement livrés à ces recherches ; mais leurs savans travaux, qui ne permettent plus de révoquer en doute l'influence de certains phénomènes atmosphériques, et, en général, de l'état de l'air sur la vie des vers, n'ont pas aussi heureusement déterminé le mode précis, et, pour ainsi dire, les détails de cette action. Il est surtout un écueil où tous ont échoué : c'est la découverte de moyens curatifs, lorsque la cause morbifique a fait certains progrès. Ce qu'il y a de pis, c'est que le mal devient bientôt irrémédiable, d'après la constitution particulière de ces insectes, qui ont si peu de parties solides, et où abondent des fluides sans doute très-prompts à s'altérer ; d'où il me semble devoir résulter que la nature chez eux a peu de ressources, peu de force pour seconder l'activité des remèdes.

Le peu de succès de leurs devanciers n'a point découragé, dans ces années dernières, MM. Paroletti et Nysten ; et leurs travaux, éclairés par toutes les observations qui les avaient précédés, leurs nombreuses expériences, laissent peut-être peu de chose à découvrir sur les maladies des vers à soie. Tous deux, il est vrai, ont renoncé à trouver des moyens parfaitement curatifs; mais ils ont du moins démontré avec la plus rigoureuse précision l'indispensable nécessité, ainsi que le succès infaillible des moyens prophylactiques ou préservatifs; et il demeure certain, d'après toutes leurs recherches, surtout d'après les expériences ingénieuses de M. Nysten, que l'action de l'atmosphère et le défaut d'air dans les ateliers, ainsi que les vapeurs orageuses, connues dans le Midi sous le nom de *toufe*, sont les causes des épidémies qui ravagent les ateliers : or, ces causes, en général, peuvent être prévenues ou écartées par des soins bien entendus, et par une méthode d'éducation débarrassée de certaines pratiques que consacre encore dans plusieurs endroits une routine superstitieuse.

(34) Page 100.

Les vers qui, dans les deux premiers âges, se trouvent, par quelque accident, moins avancés que leurs camarades, continuent de rester en arrière ; les plus forts les gênent ; ils s'ensevelissent dans la litière, d'où ils ont peine à gagner la feuille et à prendre une nourriture suffisante : c'est ce qu'on appelle la *menuaille*, qui dégénère en *passis*. Des magnaguiers les jettent sans pitié : cependant si, aux premiers délitemens, on veut se donner la peine de mettre ces petits vers à part, de les espacer, de leur donner plus de chaleur et de nourriture, la plupart finissent par se fortifier, et atteindre ceux qui les avaient devancés.

Ceux qui sont attaqués de cette maladie par une mauvaise couvaison, ou quelque cause originelle, y succombent un peu plus tôt, un peu plus tard.

(35) Page 100.

L'abbé de Sauvages atteste avoir poussé des vers à soie à des chaleurs de 28 à 30 degrés, et qui lui ont réussi, parce que cette chaleur était accompagnée d'un air pur et souvent renouvelé. Quant aux *passis*, il avoue qu'il n'y connaît point de remède, une fois que le mal a fait un certain progrès.

(36) Page 102.

M. Nysten dit qu'il n'a vu ni la *jaunisse* ni la *grasserie* dans les vers qui font des cocons blancs ; il les croit cependant sujets à une pléthore analogue à celle qui est la cause de cette maladie.

Les vers proprement dits *gras*, et qu'on appelle aussi *vaches*, sont ceux qui sont attaqués du mal à la quatrième mue ; et comme, à l'époque de ces crises, la matière soyeuse est moins abondante, ces vers sont moins colorés que ceux chez qui la même maladie prend le nom de *jaunisse*.

M. Nysten prétend que le liquide jaunâtre qui transsude de ces vers n'est que la surabondance du liquide nutritif, rendu opaque par l'infiltration de la matière colorante, et qui a subi quelque altération, et qu'il n'est point par lui-même purulent : d'ailleurs, les vers morts de ces maladies se putréfient promptement.

Le même observateur confirme l'opinion de l'abbé de Sauvages, sur le danger d'une nourriture trop consistante, donnée aux jeunes vers ; il a aussi remarqué que la *jaunisse* pouvait se compliquer avec la *muscardine*, sans empêcher l'effet dessiccatif de celle-ci ; enfin il a essayé sans succès le procédé indiqué par le D. Fontana, de plonger une minute les vers *jaunes* dans du vinaigre.

Il n'a pas plus réussi à donner la *jaunisse* à des vers sains en les frottant de tabac, ainsi que l'a dit M. Faujas ; mais beaucoup sont morts de cette expérience, ainsi que l'avait déjà constaté l'abbé de Sauvages.

(37) Page 105.

La maladie des *morts blancs* est aussi désignée dans plusieurs contrées, et chez quelques écrivains, par le nom de *morts flats*, pour exprimer l'état de mollesse et de flaccidité des vers qui y ont succombé. Aucun signe précurseur et caractéristique ne la fait distinguer. La diminution de l'appétit et des forces sont les seuls symptômes communs à toutes les maladies des vers à soie ; on n'en reconnaît la nature que par leurs effets.

M. Nysten a observé que la maladie des *morts flats* pouvait ravager un atelier en même temps que la *muscardine* ; d'où il faudrait conclure que des circonstances particulières, et provenant de la constitution même des vers, déterminent parmi eux des résultats aussi opposés que le sont ceux de ces deux maladies. Il pense néanmoins que les lieux arides et sablonneux de certains départemens sont beaucoup plus exposés aux ravages de la *muscardine* que les pays gras et fertiles; que la feuille mouillée, et, en général, l'humidité jouent un grand rôle dans le développement de la maladie des *morts flats*. Il l'a aussi multipliée d'une manière très-sensible dans des ateliers d'expérience, où l'air ne circulait point, et où la chaleur et l'humidité étaient extrêmement concentrées.

Une autre expérience du même observateur prouve que les émanations humides des litières trop abondantes et putréfiées, déterminent infailliblement la maladie des *morts flats*; enfin il a remarqué que dans les mêmes circonstances où se multipliaient les *morts flats*, les cocons de ceux qui parvenaient à les faire, étaient plus faibles de soie.

(38) Page 106.

Il est peu d'écoliers qui ne s'amusent à

élever dans la saison quelques douzaines de vers à soie : or, un remède constamment pratiqué par eux contre la jaunisse, est de passer avec la plume une couche d'encre sur le corps des vers jaunes ; et ils sont persuadés, en général, que cette teinture guérit ces vers. L'encre agirait-elle comme tonique en certaines circonstances ? et rendrait-elle à la peau des vers à soie le ressort qui lui manque, et dont l'absence, cause de relâchement et d'atonie, paraît entrer pour beaucoup dans la formation de la maladie des *jaunes* et des *gras* ?

(39) Page 107.

M. Nysten dit n'avoir point vu sur les vers attaqués de la *muscardine* les taches dont parlent d'autres auteurs : cependant, comme le D. Anseri de Savillan lui a attesté les avoir toujours observées, il en présume qu'il y a deux variétés de cette maladie.

M. Paroletti, qui a aussi signalé les taches pétéchiales comme symptômes accompagnant la muscardine, croit de même que le ver qui meurt *muscardin* avec les taches livides, présente, sous ce rapport, quelques caractères particuliers qui le distinguent des autres muscardins, qu'il tombe en putréfaction, si ces taches persistent, et ne se sèche que quand elles s'effacent. Les teintes rouges que prennent ces mêmes vers, selon le docteur Fontana, ne lui semblent pas non plus appartenir constamment ni exclusivement à cette maladie.

Le principe de la muscardine tient à une certaine qualité de l'air, à la fois sec et chaud; elle n'affecte plus ordinairement les vers que dans leur dernier âge; elle les atteint même dans le cocon; et la chrysalide, qui y périt de cette sorte, se nomme *dragée*. Mais la nature précise de cette qualité de l'air, et le concours des circonstances propres à développer sa meurtrière énergie, sont restés des secrets impénétrables à l'œil des observateurs les plus exercés. La muscardine se joue de leurs expériences, et dément chaque année les *faits*, dont une année précédente on avait voulu faire des *principes*.

Les moyens curatifs indiqués par les autres auteurs, paraissent, d'après les recherches de M. Nysten, à peu près illusoires; tout au plus, ils peuvent arrêter les progrès de la maladie. Le vrai et infaillible remède consiste dans les soins d'une éducation bien entendue, et la disposition, dans les ateliers, d'ouvertures suffisantes pour recevoir un air frais d'en bas, et laisser échapper par le haut les vapeurs et les exhalaisons.

Voilà du moins ce qui paraît démontré par les travaux de M. Nysten, qui, plusieurs fois, ayant essayé de guérir des chambrées malades par les procédés indiqués, ou d'autres analogues, tandis que dans le même temps il cherchait à développer la muscardine par un régime sec et échauffant, dans une salle dont les vers étaient sains, n'a pas mieux réussi à l'un qu'à l'autre.

(40) Page 108.

Le duvet blanchâtre dont sont recouverts les *muscardins*, et qui leur donne ce nom de celui d'une espèce de confiture qui offre le même aspect, vu au microscope, paraît se composer d'une multitude de petits filets d'un blanc argentin, demi-transparens, et qui se croisent en tout sens.

M. Paroletti a pensé que c'était une efflorescence saline. M. Nysten, qui l'a trouvé susceptible d'agglutination en le pétrissant avec les doigts, mais seulement lorsqu'il est encore récent, y a découvert aussi, par l'analyse chimique, un muriate, du phosphate de chaux, deux substances animales, l'une soluble dans l'eau, l'autre insoluble.

Les vers muscardins, ouverts au moment de leur mort, n'offrent aucune altération sensible dans leur système organique; si on les fait, dans ce même instant, bouillir dans l'eau chaude, leur résidu, semblable d'ailleurs à celui qu'on tire des vers sains, donne de plus un phosphate alkalin. Mais si l'on attend trente-six heures pour faire cette expérience, le liquide nutritif qui, au moment de la mort, conservait sa transparence et sa viscosité naturelle, a passé à l'état d'acide, et les solides du ver, ainsi que le fluide gommeux, deviennent secs et cassans. Cette acidification est due, selon M. Vauquelin, au développement de l'acide phosphorique qui existe dans ces vers, avec un phosphate alkalin et un phosphate calcaire.

Les chimistes ont conclu de leurs diverses opérations, que l'acide phosphorique prédominait dans les vers muscardins, et qu'il se développait dans le liquide nutritif et muqueux qui leur tient lieu de sang, et dans l'humeur colorée où baignent leurs organes internes. C'est donc bien à tort que M. d'Hauteville, dans un Mémoire adressé à la société d'Agriculture de Valence, a placé la muscardine dans la matière de la soie; les chrysalides, qui en meurent après avoir filé, réfutent seules cette opinion.

Mais si l'acide phosphorique est le principe interne de la muscardine, par une seconde conséquence en apparence bien déduite, on a pensé qu'on pourrait d'abord la produire par la combinaison de certains gaz, et ensuite la traiter par les alkalis. Quant à la première partie de cette conséquence, soutenue par MM. Faujas-de-Saint-Fond et Fleury, qui veulent, l'un que l'acide carbonique, l'autre que l'hydrogène sulfuré développe la muscardine, les expériences de M. Nysten ne lui ont offert rien de concluant à cet égard. L'hydrogène sulfuré, selon lui, tue les vers très-promptement; l'oxigène les fait périr par excès de tonicité et d'irritation; les gaz azote, acide carbonique et hydrogène, soit purs, soit combinés, les asphyxient, et ils n'en meurent que faute de secours, et par la prolongation excessive de cet état.

D'ailleurs, des quantités fixes de vers soumises à l'action de diverses combinaisons aériformes, et même à l'électricité, n'ont pas donné plus de muscardins que des quantités égales livrées à la simple action de l'atmosphère. En second lieu, le traitement de la muscardine par les alkalis, proposé par M. Faujas-de-Saint-Fond, ne paraît pas donner de résultats plus satisfaisans.

Sur certaines quantités de vers soumises à des fumigations ammoniacales et à des vapeurs d'acide nitrique et d'acide muriatique oxigéné, M. Nysten a trouvé à peu près autant de muscardins dans le premier cas que dans les deux autres.

Ce qu'il y a de plus probable, c'est que dans les ateliers ou magnauderies où l'air est vicié, les moyens désinfectans, les vapeurs d'acide muriatique oxigéné, indiquées par M. Paroletti, et, avant lui, par M. Rigaud de Lisle, ne peuvent qu'assainir le local, et arrêter les progrès des maladies qui y regnent, mais sans qu'on puisse se flatter de guérir par-là les vers déjà attaqués ; et quant au traitement particulier de la muscardine, les vapeurs de l'eau, employées à propos pour rafraîchir l'air dans les chaleurs, et surtout dans les *toufes*, produisent de bons effets, mais toujours plutôt prophylactiques que curatifs : mais l'usage d'aspersions de vin sur les feuilles, conseillé par M. d'Hauteville, réprouvé par M. l'abbé de Sauvages, et conservé par la routine, est au moins parfaitement inutile.

(41) Page 109.

Il existe sur la communicabilité de la muscardine des opinions populaires qu'il était essentiel d'approfondir.

Le caractère épidémique qu'on lui a d'abord attribué, était un sujet d'effroi pour tous les éducateurs. Des observations plus éclairées prouvent que cette maladie ne s'attache ni au local, ni aux meubles; que même le contact d'un muscardin mort avec un ver sain, n'est point nuisible à celui-ci, mais qu'elle paraît se développer lorsqu'il y a rapprochement et encombrement de vers sains et de malades. Elle est donc contagieuse, mais dans un sens très-restreint; et il est, de plus, constant qu'on la préviendra toujours par une éducation conduite avec intelligence.

On ne peut donc trop recommander d'entretenir dans les ateliers la circulation de l'air, et son dégagement par le haut; d'éviter l'encombrement et l'entassement des vers; de rafraîchir leur local avec de l'eau pendant les grosses chaleurs, et d'employer le feu clair et flambant par l'humidité.

La nécessité de mettre ces animaux hors des atteintes de la chaleur donne quelque poids à l'opinion de ceux qui recommandent une éducation hâtée par le feu, afin qu'ils soient en état de filer avant que le temps des toufes et des orages soit arrivé.

(42) Page 113.

Si, au moment de filer, des vers contractent la maladie de la *clairette*, ils deviennent *courts*, et se changent en *chrysalides*, sans faire de cocon; mais, en général, cet accident ne paraît provenir que de quelque circonstance locale ou défaut de commodité qui empêche le ver à soie de filer.

(43) Page 115.

Plusieurs auteurs recommandent d'ôter la litière des vers de deux jours l'un pendant la *frèze* ou temps de grand appétit qui précède la quatrième mue, et tous les jours pendant la grande frèze qui suit cette quatrième période, parce que, dans ces temps, le plus grand appétit des vers augmente rapidement cette litière, dont il faut prévenir l'échauffement.

Cette précaution est surtout impérieusement commandée par les temps chauds et humides, ordinaires en la saison correspondante à cet âge des vers, et qui hâtent la fermentation putride. On enlève les vers par bandes et à la main; avec un peu de précaution, il n'y a point de risque de les blesser. Pour faciliter ce service, il est bon de ménager à la tête des planches une bande libre où l'on transpose les vers de la tête de la litière. On enlève la partie qu'ils abandonnent, en épluchant les vers qui peuvent y être restés. Si la place du bois qu'elle occupait a quelque humidité ou odeur de moisi, on la frotte avec une poignée de thym ou de lavande, avant de la garnir de vers, et ainsi de suite. On fait cette opération demi-heure environ après leur avoir servi un repas : il est alors plus facile d'enlever le ver avec la feuille nouvelle, et non encore foulée, après laquelle il est occupé.

En général, il ne faut pas laisser acquérir à

la litière plus de deux doigts d'épaisseur; quelquefois on se contente de la *châtrer*, ce qui se fait en la repliant en deux par parties, comme une pièce d'étoffe. On met du papier entre les deux plis pour séparer les vers, et l'on ôte le dessous de la partie relevée. Lorsqu'on ne fait que *châtrer* la litière, il ne faut plus mettre de gros papier sur les clayons; l'air qu'elle reçoit par leurs interstices, la sèche, et par-là l'empêche d'être nuisible aux vers: mais ce procédé paraît long, vétilleux, et toujours moins sain qu'un délitement parfait. M. de la Plombanie, cité par l'auteur de *l'Art de cultiver les mûriers* (1754), avait imaginé de former les tables de son atelier de deux parties mobiles, et qui se repliaient l'une sur l'autre au moyen d'attaches de cuir ou de charnières. L'une de ces parties était toujours libre; c'est sur cette partie qu'il plaçait la feuille fraîche au moment de déliter, et de manière qu'elle fût contiguë à la couche de litière. Les vers quittaient celle-ci pour passer sur leur nouvelle provision; et pour leur faciliter ce voyage, on relevait un peu la partie de la table chargée de la vieille litière; ce qui portait les vers à descendre et à se répandre sur l'autre côté. Après cette transmigration, on rabaissait la planche, et on la nétoyait à fond pour qu'elle fût propre et sèche au moment d'un nouveau délitement. Cette pratique demande peut-être un peu plus de local, puisqu'il y a toujours une moitié des tables inoccupée ; ensuite les vers doivent être longs à passer d'un côté à l'autre, quoi qu'en dise l'auteur de l'invention, qui prétend qu'elle leur procurait un exercice utile à leur santé.

Dans tous les cas, on doit retirer soigneusement la litière des ateliers, ainsi que le crotin. Quelques auteurs conseillent de le mêler avec du fumier pour le mettre au pied des fleurs ; quant à la litière, elle sert à la nourriture des porcs.

(44) Page 117.

Dans les ateliers faits exprès, les soupiraux qui tirent de l'air du rez-de-chaussée produisent parfaitement cet effet en cette circonstance : on y peut aussi jeter de l'eau fraîche sur le carreau.

Quelques auteurs sans expérience ont parlé d'arroser la feuille des repas avec du vin. L. Sauvages pense que c'est un poison pour le ver à soie. M. Nysten croit que ce procédé est seulement inutile.

(45) Page 123.

Les bruyères recommandées par M. Reynaud pour en former les berceaux où doit monter le ver à soie, ont quelquefois la tête trop peu rameuse pour remédier à l'inconvénient de brins trop rares et trop droits, et qui présentent aux vers peu de facilité à se loger. Divers auteurs conseillent de mêler parmi ces rameaux, à l'endroit où ils s'arc-boutent contre la table supérieure, quelques morceaux de ces rubans de bois qui s'enlèvent sous la varlope des menuisiers, et de préférence encore des pelures d'osier prises chez les vanniers. Les vers aiment à se nicher, disent ces auteurs, dans les recoquevillages de ces débris.

On peut choisir aussi d'autres arbrisseaux dont la tête soit suffisamment rameuse, en observant qu'il ne faut pas trop mettre de distance d'un pied à l'autre, afin que le ver à soie rencontre plus vite et plus aisément ces pieds.

Ils doivent être aussi nétoyés d'épines ou brisures qui pourraient le blesser, sans être cependant trop unis ; ce qui lui rendrait la montée difficile.

Selon plusieurs auteurs, le ver à soie n'aime point à filer sur les branches du bouleau ; si on avait des tables qui ne fussent point recouvertes d'un plancher supérieur pour y arcbouter ses rameaux, on pourrait encore y former un berceau au moyen de deux rangs de petits fagots de sarment couchés et attachés bout à bout d'un bord de la table à l'autre ; on planterait obliquement ses rameaux dans ces petits faisceaux, et on les arc-bouterait les uns contre les autres, en rapprochant et entremêlant le haut de la ramée.

On a proposé aussi de former les cabanes avec des poignées de chiendent ou de sarment d'une longueur suffisante, liés par le milieu, mais sans être trop serrés. On ouvre et on éparpille suffisamment les deux bouts ; de manière que la partie inférieure fasse un pied un peu large, et que le haut, étendu en tout sens, se prête à former de droite et de gauche des arcades ou berceaux. Cette méthode paraît avantageuse, en ce qu'il suffit de dresser un seul rang de ces petits faisceaux pour fournir de côté et d'autre des points d'appui à deux arcades, et que la première allée des cabanes une fois dressée, on n'a plus qu'une seule file de ces faisceaux à placer à côté, à la distance convenable pour former le second berceau ; tandis que dans l'autre méthode il faut toujours adosser deux rangs de branches les unes aux autres, ce qui prend nécessairement plus de temps.

Au reste, quelques matières qu'on emploie, il faut que tous ces branchages soient bien secs, bien nétoyés, sans mauvaise odeur, et bien nétoyés de toutes ordures, ainsi que les tables de l'atelier. Plusieurs auteurs recommandent même de frotter le tout de fenouil, prétendant que l'odeur en réjouit et anime les vers.

Ce qui est au moins indubitable, c'est que la propreté et un air pur ne contribuent pas moins à la bonne filature qu'ils n'ont contribué à la bonne éducation des vers.

L'abbé de Sauvages, à cet égard, ayant remarqué que les cocons des étages supérieurs, plus aérés, sont toujours plus fermes et mieux faits que ceux des inférieurs, a imaginé un moyen qui paraît aussi facile qu'ingénieux, de faire circuler l'air librement dans tous les étages d'un échafaudage ou *tabarinage* : c'est de composer tous ses planchers de planches mobiles, et pouvant glisser entre deux tringles fixes et à coulisses. On établirait le pied des rameaux sur les tringles ou traverses fixes ; et quand tous les vers seraient montés, au moment d'enlever la dernière litière, on tirerait en même temps toutes les planches intermédiaires entre les allées ou berceaux ; ce qui mettrait tout cet édifice d'arcades à jour de toutes parts.

Avec cette construction, on doit sentir que la courbure du haut des rameaux ne peut plus s'arc-bouter sous le plancher de l'étage supérieur, puisque ce plancher doit se retirer. Il faudrait alors que les têtes de ces branchages formassent arceau, en s'appuyant et se mêlant les unes dans les autres.

(46) Page 124.

Si l'on met les vers à la cabane trop tôt avant leur maturité, la litière s'entasse sous les arceaux, à moins que l'on ne délite souvent : mais alors cette opération devient plus difficile et plus minutieuse, par le soin qu'il faut apporter à ne pas déranger les rameaux.

On a alors une espèce de petit croc pour l'attirer de dessous les arcades.

Si l'on rame trop tard et qu'on soit surpris par la maturité, c'est un autre inconvénient : le ver, pressé par la nature, ou forme parmi les feuilles un cocon petit, sale et de mauvaise qualité, ou jette sa bave çà et là, perd sa substance et sa force, et se raccourcit sans avoir travaillé.

Si un magnaguier attentif est surpris par cet accident, et s'il n'y a pas moyen de donner beaucoup d'air frais aux vers pour tempérer leur ardeur, un moyen aussi simple que sûr est d'éparpiller des rameaux à la main sur la litière ; les vers les plus pressés y grimpent et s'y placent, et lorsque chaque branchage en est suffisamment garni, on l'enlève et le dresse dans quelque lieu commode, et les cocons ne s'y font pas moins bien que sous les cabanes.

On peut observer ici que plus les vers se pressent sur un rameau, plus on est exposé à avoir des cocons doubles, c'est-à-dire formés par deux, et rarement trois vers qui, travaillant l'un contre l'autre, et rejoignant les bords de leur ouvrage, s'enveloppent sous une seule coque.

Cette sorte de soie dont il est parlé dans l'ouvrage donne du déchet à l'ouvrier. Le moyen de prévenir ces associations, c'est d'éclaircir convenablement les vers sous les cabanes; ce que ne font pas la plupart des magnaguiers, tant pour avoir moins de rameaux à dresser, que pour la petite satisfaction de pouvoir les présenter bien chargés de cocons.

(47) Page 127.

La plupart des auteurs ont répété, et même le judicieux abbé de Sauvages, que les *cocons doubles* renfermaient toujours un papillon femelle et un mâle; et on en a conclu que ces sortes de cocons étaient plus propres que d'autres à servir de cocons *de graine*. M. Reynaud assure que, plusieurs fois, en ayant voulu répéter l'expérience, l'une des deux chrysalides lui est toujours morte. M. Nysten a été plus heureux, et l'éclosion d'un assez grand nombre de cocons doubles lui a prouvé qu'ils contenaient indifféremment, tantôt deux mâles, tantôt deux femelles, et quelquefois aussi l'un et l'autre. Au reste, les magnaguiers répugnent à choisir ces cocons pour en tirer de la graine, et ils paraissent craindre qu'ils ne donnent une espèce qui aurait de la disposition à former des cocons doubles : ce qui a tout l'air d'un préjugé, puisque la formation de ces cocons n'a lieu que dans le trop grand rapprochement des vers et le défaut d'espace suffisant à chacun. La tendance secrète d'un sexe vers l'autre, qu'on alléguerait comme cause de ce rapprochement, ne serait qu'une rêverie de plus.

La nature, en effet, qui ne fait rien en vain, n'a pas donné à ces chenilles de formes sexuelles qui leur seraient inutiles, puisque dans leur état de ver la reproduction de l'espèce n'entre point dans les fonctions de leur vie. D'après cette absence des organes générateurs, pourquoi les vers en auraient-ils, pour ainsi dire, le sentiment précoce?

(48) Page 128.

De bons magnaguiers mettent aux berceaux des étages les plus hauts les vers les plus pressés, afin que les débris de leur litière et leurs ordures, s'ils viennent à tomber aux étages inférieurs où les vers ne filent pas encore, ne puissent risquer d'y salir leur ouvrage.

Au reste, au moment de la montée des vers à la bruyère, si toutes les précautions ont été bien prises, il ne doit plus rester sous les cabanes que quelques restes de feuilles de leurs derniers repas. Les magnaguiers paraissent, en général, dans l'usage de ne pas ôter de suite ces légers débris.

Au bout de trois ou quatre jours, les vers paresseux sont retirés de dessous les cabanes, et mis sur quelques tables, parmi des brins de lavande, ou des pelures de bois, ou même dans des cornets de papier; ces vers, que quelques causes particulières empêchent de monter comme les autres, souvent filent très-bien, dès qu'on leur ôte la peine de chercher un local propre à cette opération : le lieu du rassemblement de ces derniers vers est appelé l'*hôpital*.

(49) Page 128.

D'après les remarques qu'on a faites, le bruit du tonnerre même ne les empêche pas de continuer leur travail, ainsi que beaucoup d'auteurs l'ont écrit; mais dans les temps d'orage, le ver sur la bruyère ou dans le cocon, a besoin de plus d'air que lorsqu'il est en ver.

(50) Page 129.

Les fumigations acides et désinfectantes, recommandées par M. Paroletti, se font au moyen du dégagement de l'oxigène qui s'échappe de l'oxide noir de manganèse, sur lequel on verse de l'acide nitro-muriatique.

M. Nysten pense que les parfums ne sont, en aucun cas, d'une efficacité bien prouvée, et qu'en général un feu clair et des courans d'air de bas en haut, sont les plus simples et les plus purs de tous les procédés pour l'assainissement d'un atelier.

(51) Page 131.

Il est des vers qui font leur cocon, sans passer par la quatrième mue et qui n'en ayant subi que trois, sont appelés de là *vers de trois maladies*. Dans quelques contrées, on les désigne encore par le nom de vers *avant-coureurs* ou *luzettes*. (Ce dernier nom est aussi celui d'une des maladies accidentelles décrites plus haut.)

Il se montre toujours quelques vers de cette sorte dans de grandes chambrées, et l'on regarde communément leur apparition comme signe d'une bonne réussite.

Ce qu'il y a de remarquable, c'est que les produits des œufs ou *graine* provenant de ces vers, rentrent dans l'espèce ordinaire soumise au cours des quatre mues.

Nos vers *de trois maladies* sont donc tout uniment des individus précoces, dont les facultés particulières se trouvent développées avant le temps ordinairement employé par la nature pour la masse de l'espèce; et c'est un phénomène qui s'offre dans toutes les races d'animaux.

Mais il y a, en Italie, une espèce distincte qui ne subit jamais que trois mues : ce vers est appelé *triotto*. Malpighi l'a décrit.

En élevant cette espèce de préférence, le temps de l'éducation ordinaire des vers à soie serait sensiblement abrégé, et il y aurait aussi une grande économie dans la consommation des feuilles.

Au reste, les premiers essais qu'on a faits pour l'introduire en France n'ont pas réussi, soit que le climat ne lui convienne pas, soit faute de soins convenables; et l'on paraît y avoir renoncé.

(52) Page 133.

Il paraît, en général, que la graine s'abâtardit d'autant plus vite que les éducations sont plus mal dirigées, et que, de soi-même, une race de vers à soie, trouvant habituellement un climat et des soins conformes à sa nature, ne dégénérerait peut-être pas.

(53) Page 135.

Tous les auteurs ne sont pas de l'avis que la graine des cocons dits *milanais* soit préférable aux autres. Il paraît qu'il est des marchands qui craignent de ne pas trouver leur compte à la petitesse de ces cocons, et qui préfèrent ceux des vers originaires d'Espagne. La graine de cette espèce est d'un gris-cendré, avec une teinte obscure de pourpre. Les cocons qui en proviennent sont d'un incarnat pâle ; on les appelle *incarnadins* ou *roux*. On assure que le poil en est plus fort et plus lustré. Ce qui fait donner, dans d'autres contrées, la préférence aux *milanais*, c'est que l'espèce en est plus vive et plus vigoureuse ; ce qui est une garantie de plus pour *la réussite*.

(54) Page 140.

On ne saurait douter que la santé des vers n'influe sur la quantité et la qualité de la soie produite. Des ateliers médiocres, mais dirigés par des personnes intelligentes, rapportent constamment 45 et 50 kilogrammes de cocons (de 90 à 100 livres), par 3 décagrammes environ (une once) de graine bien couvée et méthodiquement élevée. Ce produit serait double pour la même quantité de graine, sans la mortalité inévitable, même avec les soins les mieux entendus. Cette mortalité enlève donc environ la moitié des vers éclos. Les 3 décagrammes de graine en produisent à peu près 40,000; reste donc 20,000 qui parviennent à leur maturité. Les recherches faites dans ces derniers temps sur les maladies des vers à soie, ont donné à cet égard quelques résultats curieux et dignes d'attention. Ainsi, par exemple, M. Nysten a trouvé que dans un atelier ouvert à tous vents, et même avec une température très-irrégulière, il y avait encore obtenu plus de soie que dans des locaux où régnait une chaleur constante, mais mal dirigée. Ainsi, dans le premier cas, deux cent seize cocons lui ont donné 5 hectogrammes (une livre) de poids. Avec une chaleur sèche, il n'a obtenu ce même poids que de deux cent soixante-deux cocons. Dans un atelier très-éclairé, il en a fallu deux cent soixante-sept pour le même résultat; et deux cent soixante-onze et jusqu'à trois cent ving-huit dans des ateliers chauds et humides, avec encombrement.

Le dégagement de l'acide muriatique oxigéné, employé comme moyen désinfectant, lui a, de plus, paru, ainsi qu'à M. Paroletti, augmenter l'activité des vers, et leur faire produire plus de soie. Ce serait une expérience à suivre, et la question vaut la peine d'être examinée.

(55) Page 142.

On a vu qu'on ne pouvait plus compter sur les cocons doubles, pour appareiller les sexes des papillons; d'ailleurs, leur tissu, plus fort, rend la sortie des prisonniers plus difficile, et l'un des deux périt presque toujours dans l'opération.

(56) Page 147.

L. Sauvages accorde à ces papillons neuf à dix heures d'accouplement.

(57) Page 148.

Cette étoffe, usée et privée des poils du lainage, a cela d'avantageux, qu'elle n'offre à l'œuf que très-peu de points d'adhérence ou de contact, et que la graine en sera plus facile à détacher. Pour que la femelle puisse y *appuyer* son œuf lors de la ponte, il faut que les morceaux d'étoffe ne soient pas trop légers ni trop mobiles ; sans cela, l'étoffe céderait à la pression du derrière du papillon, pression qui accompagne l'émission de chaque œuf. Il faut donc que cette étoffe soit tendue, ou par son propre poids, ou par quelque autre moyen.

En faisant pondre ainsi les papillons sur un plan vertical, leur graine n'est point salie ni mouillée par les déjections qui précèdent ou suivent la ponte. Il est à propos de mettre au-dessous de l'étoffe une table garnie aussi de la même manière, pour recevoir, ou les œufs qui pourraient ne pas adhérer à l'étoffe tendue, ou les papillons qui s'en laisseraient choir.

Si l'acte de la ponte se passe dans un local frais, sans être humide, le papillon y conserve plus de vigueur, et la graine, moins échauffée, donne infiniment moins d'œufs stériles. Il faut préserver en cet instant les papillons des animaux, qui, tels que les chats et les poules, en sont friands.

(58) Page 148.

Un auteur recommande de faire pondre les papillons sur des clayons de joncs serrés dru les uns contre les autres. La graine s'en détache, dit-il, aisément, en séparant le clayon et passant chaque brin de jonc entre les doigts.

Les Chinois font pondre leurs papillons sur un fort papier fait d'écorces de mûrier; et vers le mois de janvier, ils mettent tremper cette graine pendant deux jours dans de l'eau de rivière, où l'on a fait dissoudre un peu de sel. Après ce bain, on fait sécher la graine, en suspendant les papiers à l'ombre; puis, au bout de quelque temps, on l'expose une fois tous les dix jours au soleil. On lui redonne ensuite un second bain, en la laissant trois nuits suspendue aux branches d'un mûrier, pour y recevoir la neige ou la pluie, si l'une ou l'autre n'est pas trop forte. C'est après ces préparations qu'ils mettent couver. Ils disent que la graine donne des vers vigoureux et qui font la plus belle soie.

(59) Page 150.

M. L. Sauvages a fait diverses expériences pour conserver de la graine de deux ans, d'après le principe de la conservation des œufs de volaille, par l'enduit de leur coque, de quelque matière qui en bouche les pores. D'après le résultat de ces expériences, toute la graine enduite de matières grasses périt en peu de jours; il est parvenu seulement à conserver vingt-deux mois quelques œufs, sur une quantité enduite d'une couche de gomme arabique: ces œufs donnent des vers. Mais cette expérience imparfaite ne prouve pas grand'chose; elle semble seulement indiquer la possibilité de cette conservation.

(60) Page 151.

La graine qui a été exposée à un trop grand froid, et que les magnaguiers appellent *graine gelée* ou *dure*, n'est point pour cela décomposée ou privée de son germe. On a laissé des paquets de graine à un froid extérieur de quatre degrés, et ils n'en ont pas moins donné des vers. L'inconvénient de ces *graines gelées* est d'éclore tardivement et à de longs intervalles, et cependant il ne faut pas les presser par trop de chaleur. L'embryon s'y dessécherait au lieu de grandir, ou tout au moins la trop forte transpiration excitée dans l'œuf par l'excès de chaleur, en privant l'insecte de l'humeur probablement destinée à sa première nourriture, appauvrirait en lui la force vitale, et il ne naîtrait que pour languir, sans que les meilleurs soins pussent refaire son tempérament, affaibli par ce vice originel.

On reconnaît une graine gelée, quand, jetée dans l'eau, elle y paraît nuancée de diverses couleurs, tandis que la bonne graine y conserve la même teinte qu'elle avait à l'air.

La graine gardée trop chaudement ou éclôt spontanément, et elle est perdue, ou conservée jusqu'à la *couvaison*, *s'émeut* trop vite, c'est-à-dire que le germe s'y développe trop rapidement, et donne des vers sujets à la maladie *des gras*.

(61) Page 152.

C'est une excellente pratique que celle de ne détacher la graine de dessus l'étoffe où elle a été pondue qu'au printemps; elle s'échauffe bien moins. Ceux qui la détachent après la ponte la conservent étalée sur des plats d'étain, recouverts d'un plat pareil.

Cette méthode a aussi ses avantages; la graine y est bien à l'abri des souris et des insectes.

Les précautions essentielles sont d'éviter l'humidité, et de ne point entasser la graine dans des vases bouchés, où l'air ne se renouvelle pas.

Des caves sèches et profondes, où la température est toujours égale, seraient d'excellens magasins à conserver la graine.

(62) Page 154.

Il me semble qu'on pourrait substituer aux étuis de roseau, pour le transport de la graine, des étuis de fer-blanc, percés en tout sens de très-petits trous.

M. de la Nux a fait transporter avec succès, de France à l'île Bourbon, de la graine qui avait été pondue sur des morceaux de toile. Chaque morceau, coupé en carré, sur la dimension de 4 décimètres environ (un pied), était replié en quatre. Un morceau de mousseline interposé à chaque pli empêchait les œufs de se toucher. Le tout était enveloppé de papier, comme une lettre.

C'est avec ces graines que le ver à soie a été introduit dans cette colonie.

Règle générale, c'est l'amoncèlement de trop grosses quantités de graine qui l'échauffe, et y produit, comme dans toutes les matières animales, une fermentation, suivie d'une transpiration plus ou moins forte. Ces graines ont une odeur d'aigre qui en annonce l'altération.

(63) Page 155.

Des expériences faites sur des cocons déramés et gardés dans une cave, au frais, ont prouvé que la naissance des papillons s'y retarde d'un mois. Pendant ce temps, ces mêmes cocons ont été filés *à l'eau tiède seulement*, se sont très-bien dévidés, et ont donné une fort belle soie.

(64) Page 156.

Les cocons étouffés au four doivent y subir une chaleur d'environ 80 degrés. On estime qu'ils y reçoivent cette chaleur, lorsqu'on les y met deux heures après le pain tiré, et qu'on les y laissé une heure, ou une heure après le pain tiré, et demi-heure de séjour.

On *tâte*, par une simple expérience, la chaleur du four, en y avançant la main; si on peut l'y tenir 15 ou 20 secondes, il est à un bon degré de chaleur, et qui ne roussira ni ne grillera les cocons.

Si les cocons étaient exposés épars, et sans être entassés à la chaleur du four, il ne faudrait que 3 ou 4 minutes pour y étouffer la chrysalide.

Au midi de la France, le soleil n'est pas assez chaud pour étouffer les chrysalides dans la coque.

(65) Page 170.

Ce cocon fait une soie très-inégale, et souvent il forme une côte sur la soie; il s'en trouve plus ou moins, suivant les espèces de cocons, ce qui rebute l'acheteur; aussi a-t-on le soin de rejeter cette espèce dans le choix que l'on fait pour la semence.

(66) Page 198.

A la tête du tour et en dessous des traverses, est d'ordinaire attachée une planche qui forme là comme une espèce de table creuse, où la fileuse peut jeter les cocons qu'elle est obligée de rejeter du bassin, et les chrysalides.

(67) Page 201.

Il y a environ vingt-cinq à trente ans que, dans les Cévennes, on ne se sert plus des roues à engrenage ; elles sont tout simplement à huit cornes, ou à quatre, et dont l'une tombe au moyen de deux vis ou deux bras.

(68) Page 224.

Le grand tube conducteur, passant à la hauteur d'environ 2 mètres à 2 mètres 36 centimètres (6 à 7 pieds) de terre, est contenu dans une caisse en bois, laquelle est soutenue à la distance de 2 mètres 36 centimètres à 2 mètres 70 centimètres (de 7 à 8 pieds), par des supports en bois ou en fer. Le tube, dans sa caisse, est couvert avec du charbon de bois, réduit en poudre, afin de concentrer et conserver davantage la chaleur.

Les petits tubes couverts d'un morceau de drap, pour concentrer la chaleur, partent du grand tube, l'un à droite et l'autre à gauche, portent la vapeur aux deux bassins, de chaque côté, et forment un arceau en descendant vers les bassins, qui sont séparés à la distance de 2 mètres à 2 mètres 36 centimètres (6 à 7 pieds.)

FIN DES NOTES.

TABLE

DES MATIERES

contenues dans ce volume.

Avant-propos.	Page 1
De la culture du mûrier.	5
Des mûriers de haute tige, et des mûriers nains ou en buisson.	10
De la greffe du mûrier.	16
De la taille des mûriers.	24
De la maladie des mûriers.	33
Observations sur l'analyse chimique des feuilles du mûrier, et sur quelques variétés de cet arbre.	35
Achat et vente des feuilles.	43
Achat ou vente et couvaison de la graine ou œufs de vers à soie.	55
Du local propre à élever les vers à soie, et des ustensiles qu'il doit contenir.	71
Second local.	78

Première maladie des vers.	Page 82
De la nourriture des vers à cette époque.	88
De l'air et de son renouvellement dans une chambrée de vers à soie.	91
Du temps d'orage, des chaleurs orageuses et de la toufe.	94
Seconde maladie des vers.	96
Maladies particulières des vers à soie.	99
De l'état des vers à soie, après leur quatrième maladie.	113
Montée des vers à la bruyère pour y faire leurs cocons.	120
Vers de trois maladies.	130
Des différentes espèces de cocons.	131
Vente et achat des cocons.	135
Choix des cocons pour graine.	140
Naissance ou sortie des papillons.	144
Conservation de la graine.	149
Etouffage des cocons.	154
De la garde des cocons étouffés.	165
Préparation et choix des cocons pour la filature.	167
Second triage.	173
Filature des cocons.	178
Affût ou monture de la roue à dévider.	190
Des fourneaux à échauffer l'eau dans les	

filatures.	Page 201
De la filature à l'aide de la nouvelle machine à vapeur.	206
Description de la machine à vapeur, pour une filature de 24 tours.	213
Du conducteur de la vapeur aux bassins.	220
Filature de la soie.	224
Des diverses qualités de soie, et de l'emploi des cocons inférieurs.	234
Filature des basses qualités.	242
Filature de qualité de trame.	246
Filature des cocons doubles.	247
Filature des cocons blancs.	248
Préparation des débris et matières diverses provenant des cocons et de leur filature.	249
Des côtes et frisons, et de la fantaisie qu'on en tire.	251
Du floret et de la bourette.	252
De la filoselle tirée des cocons bassinés.	255
De la filoselle tirée des cocons pointus.	256
De la filoselle des cocons de graine ou de semence.	258
De la bourre de soie.	260
Blanchiment des matières de soie.	263
Notice sur la fabrication des bas de soie.	265

(372)

Du ver à soie et de la feuille de mûrier, comme propriété et denrée commerciale. .... Page 272
Conclusion. 274
Notes. 287

FIN DE LA TABLE.

« Le libraire en sourit, ainsi que les auteurs.....

« O vous, cœurs si naïfs! et vous, sensibles ames,
« Je vous ferai pâlir,... trembler,... frémir, mesdames.
« Gare à vous! vous verrez, par un charme nouveau,
« Le *Pittoresque* aussi briller sous mon pinceau.
« O Walter! ô Byron! c'est vous qu'ici j'invoque,
« Inspirez mon esprit!.... dans ma frêle bicoque
« Vous seuls avez nourri l'espoir de mes vieux ans;
« Je courrai sur vos pas!.... soutenez mes talents.

www.ingramcontent.com/pod-product-compliance
Lightning Source LLC
Chambersburg PA
CBHW070456170426
43201CB00010B/1364